明石ライブラリー

161

相庭和彦［著］

現代市民社会と生涯学習論

グローバル化と市場原理への挑戦

明石書店

はじめに

本書は、現代日本の市民社会に大きな影響を与えているグローバリゼイション、格差・貧困そしてそれらと向かい合う「知」やそれを支える「歴史認識」の在り方を生涯学習論的視点から問うことを目的として編集したものである。知識基盤型社会の到来やグローバル人材の育成、歴史認識などをめぐりわが国の教育全般はかつてないほどの重要な岐路に立っている。教育に携わる人々にとってこの危機意識はおそらく共有できると思う。

二一世紀に入って、東アジアの激変は、今後世界史の中に特記されることになると考えられるが、そのアジアにあり、二〇一〇年にGDPが中国に追い越されるまで世界第二位の位置にあったわが国では、よき昭和時代（戦後成長期）を懐かしむ文化や生活が底流し、国際関係を二〇世紀型の思考（米ソ冷戦期の思考）で理解し、教育は詰込み型、「知識」への投資は即利益の出る分野へと偏ったものになっている状況がある。平和国家と基本的人権を中核として戦後日本国を形成してきた歩みを変革の対象ととらえ、憲法違反の法案を一内閣で決めるという立憲主義さえ無視するという政治がはびこっている。

「反知性主義」と評論家から表現されている上記のような現状を変えて二一世紀にふさわしい民主主義国家としての日本を創造していくためには、日本で暮らす人々の学習権保障は極めて重要な問題であると考えられる。

グローバル化社会への適応が求められているにもかかわらず、日本国民の間に格差が広がり、市民社会でヘイトスピーチや偏狭な歴史認識が広がりを見せている原因はどのようなことなのか。ぼくは、グローバリゼイションという現象が震源地で、その法則性ゆえに国内の多くの労働者の賃金をひきさげ、多くの人々の生活を貧困化させ、教育・文化環境を悪化させていく基本的性質を有していると考えている。このグローバリゼイションに対応する教育政策としては、大きく分けて二つの選択肢があるといえる。一つは公教育制度を市場にゆだね、自由化を進めていくことである。もう一つが、公教育にソフト面ではグローバルなものの考え方を取り入れつつも、地域社会の共同事業として保持発展させていくことである。前者を採用すると、貧困化した人々は十分な内容の教育や文化環境を保障されないから、反社会的行動をとる可能性が高くなるので、秩序維持のため（体制維持のため）のイデオロギー教育の重視を打ち出さねばならなくなる。後者を選択すると、世界で認められている歴史と日本独自の文化を取り入れて教育ソフト面を構想し地域共同事業として教育を展開するため、現代社会に流布している排他的意識を排除し、東アジアの中で平和的・文化的国家としての発展の可能性が開けていけるのではないかと考える。普通に考えれば、後者を選択することになるのだが、極めて残念なことに、現代の日本の「指導者」は前者を選択していると言える。

グローバル化による我が国の労働者の低賃金化、貧困の深化と差別、地域社会の変革と教育計画、歴史認識と民主主義という問題の関連性を、本書は生涯学習論の視点から読み解いてみようというやや欲張りな取り組みである。本書の課題意識と構想は第一章を読めば分かっていただけると考えている。それ以降の章は、第一章で展開した内容の各論というべき内容になるように構想した。

ソ連が崩壊して以来、現代社会を構成する「自由と平等」という理念のうち、「平等」に対して「自由」

が優先されるという政策が現実の不平等を覆い隠すように見えて仕方がなかったぼくは、生涯学習と平等の問題を少しずつ考えてきた。本書を執筆するうえで考えていたことは、市民一人ひとりが人間は平等だと考える思考を十分に自己のものにしていく環境を持たないと、民主主義を基軸とする社会は経済的にも文化的にも発展する可能性が狭くなるというものである。生涯学習社会はそこで生活する人々の学習とその成果により自己実現を保障する社会である。その社会を支える共通教養とも言うべき知識は「人間は平等である」という単純であるが、一人ひとりが我がものとするには多少の努力を払う必要がある知識である。現代地球上では合理的な生産システムにより空前の生産力のもと多くの富が蓄積されているにもかかわらず、一方で貧困が深刻化し、十分な学習機会を与えられない人々が存在する。このような不平等な問題を「平等」をキー概念として解決を目指すことが生涯学習論の基本的な役割である。

P・ラングラン、E・ジェルピはじめ生涯学習の提唱者たちは上述した社会問題の克服を目指してきた。第七、八章で取り上げる、わが師海老原治善先生、宮坂廣作先生もその一角を支えてこられた方々である。海老原先生は教育政策研究・教育運動分析に、宮坂先生は生涯学習・社会教育学の研究と実践とにその人生をささげてこられた。このような偉大な先人の背中を見つめるとき、生涯学習研究に携わる者にとって課せられた課題を極めて重いと思う。

本書は以下のように書きおろし論文と既発表論文（章タイトルは発表時のもの）の加筆・修正からなっているが、執筆時の問題意識を維持したいと考えたために、なるべく元の内容を崩さないようにした。

第一章　書き下ろし。

第二章　現代社会における差別事象の原理的考察（『新潟大学教育人間科学部紀要』第七巻第二号、二〇〇五年二月）を加筆・修正。

第三章　地域教育改革と生涯学習計画（公教育計画学会編『公教育計画研究』第四号、二〇一三年六月）を加筆・修正。

第四章　生涯学習における文化と教育をめぐる問題（鈴木眞理・梨本雄太郎編『生涯学習の原理的諸問題』学文社、二〇〇三年四月）を加筆・修正。

第五章　グローバル化社会における「伝統文化」と生涯学習（『新潟大学教育学部紀要』二〇一一年四月）を加筆・修正。

第六章　差別問題をいかに考えるのか（新潟県人権・同和センターブックレット『人権同和教育について』二〇一三年一〇月）を加筆・修正。

第七章　海老原教育史学の構造的特質（嶺井正也編『海老原理論の継承と発展』アドバンテージサーバー、二〇〇一年四月）を加筆・修正。

第八章　生涯学習における歴史学習の意義（第一節『山梨学院生涯学習センター研究報告』第二七巻、二〇一四年二月に加筆・修正。第二節『山梨学院生涯学習センター紀要』第一五号、二〇一一年三月に加筆修正。第三節書き下ろし。）

本書の内容が以上の課題にこたえられていると言い切る自信は無論ない。また、ぼくが設定した課題とその意図がストレートに読者に伝わる自信も正直少ない。それは、ひとえにぼくの力量不足によるところであるが、生涯学習社会の可能性に期待し、教育実践の最前線で頑張っておられる方々に少しでも本書が役立ったなら、作者としては最高の喜びである。

現代市民社会と生涯学習論——グローバル化と市場原理への挑戦　目次

第一章　現代市民社会と生涯学習

――生涯学習の視点から『知』の特質を問う――

はじめに

今日知識基盤社会という言葉に象徴されるように、「知識」のあり方が社会の基礎に関わるという見方が広く存在している。政府が出す文書や答申の中にもこの用語はかなり多く見られる。生涯学習もこの様な社会を支える上で重要な役割が期待されていることは、多く論者が指摘するところである。しかし、この中で論じられている「知」とは具体的にどのような「知」なのであろうか。

「学士課程教育の構築に向けて」（二〇〇八年三月二五日中央教育審議会答申）では知的基盤社会について次のように記されている。「英語の knowledge-based society に相当する語。論者によって定義付けは異なるが、一般的に、知識が社会・経済の発展を駆動する基本的な要素となる社会を指す。類義語として、知識社会、知識重視社会、知識主導型社会等がある。」ここで指摘されている「知識」であるが、これはどのように理解されるのか。政府（文部科学省）が出す答申をいくつか拾ってみると、基本計画特別委員会（第四期科学技術基本計画）の報告「知識基盤社会を牽引する人材の育成と活躍の促進に向けて」（二〇〇九年八月）や中央教育審議会答申「幼稚園、小学校、中学校、高等学校及び特別支援学校の学習指導要領等の改善について」（二〇〇八年一月）の中にも知識基盤型社会とそこで必要とする『知』についての記述が見られる。ここではグローバリゼイションの進展により、これから産業界で期待される国際競争力に対応する能力を強く意識した「知」の内容になっていることが推論できる。二〇一五年五月二七日国立大学法人評価委員会総会に提示された「国立大学法人の第二期中期目標期間終了時における組織及び業務全般の見直しについて」を読んでみてもグローバル競争に勝ち抜く産業「能力」に特化した「知識」以外は認めようとしない姿勢がかなりはっきりと読み取れる。(1)

知識基盤型社会を我が国に構築していくために様々な政策が提起されることは、それ自体否定されるものではない。しかし、現代の日本社会で起こっている諸事象を目にすると、はたして知識基盤型社会を目指す基礎的な教育理解がどれほどなされているのだろうか。または、生涯学習的な見方をすれば、現代社会を一人ひとりの市民の視点から捉え、自己の判断に基づき自己決定が保障されている社会になっているのだろうかという疑問がわくのはぼくだけではないと思う。

本章では、グローバリゼイションがもたらした教育への「影響」――特に「知」のあり方を検討することで現代日本社会に存在する知の変質を貧困と排他性との関係から考えてみたい。そしてこの「知の在り方」を再構成するために生涯学習にいかなる役割が期待され、その可能性があるのかを論じてみたい。

1　グローバリゼイションと現代市民社会の変動

グローバリゼイションと現代市民社会の変動の関連性について整理しておきたい。グローバリゼイションの定義は政治学、経済学、社会学、あるいは教育学の分野の中で様々なされているが、その定義の大枠として共通していることは以下三点である。

第一に一九九一年一二月二五日にソビエト社会主義共和国連邦が崩壊し、全地球規模で資本主義的生産様式が主流になり、それに代わる体制が現実的に消滅し、社会主義思想に立脚した資本主義批判のイデオロギーがその存在基盤を限りなく小さくした。それにより、思想的にも、制度的にも資本主義市場経済こそ人類が獲得した成果として多くの国および国民に認められ、その結果資本の運動範囲が国境を越えて広がり、地球上のほぼすべての人々の生活に決定的な変化を与えた。

第二点目は、資本の発展がより先鋭に利潤追求に移行し、資本が安価な労働力を求め欧米や日本などの先進国から発展途上国へと遷り、発展途上国の多くの人々をプロレタリア化させた。生産拠点は生産コストが高い「本国」から発展途上国へと移動していった。先進国内に産業の空洞化を生み、多くの失業者層を形成し、労働環境全体を悪化させ、労働賃金の低下が生じた。その結果「豊かな先進国」対「貧困な発展途上国」という図式が、「先進国」内にも「数パーセント富裕層」対「圧倒的多数の貧困層」という対立図式を内包し、世界的に貧困層を形成した。このような格差問題の一般化のもと、先進国の貧困層は、発展途上国と同様に非人間的な生活環境に直面した。

第三点目に社会における貧困層の増大は社会のあり様に対する批判意識を高めていくため、それに対抗する教育政策は、ナショナリズムを前面に押し出し、排外的・差別意識を活用することを暗黙の目的とし、社会批判の芽を摘み取ろうとする性格が色濃くなる。人は貧困のために自己実現を諦めざるを得ない時その代償として差別意識に絡め取られやすいことは、差別論の基礎的理解である。ナショナリズムと排外意識はその歴史的性質上メダルの表と裏の関係にある。特に我が国においては、ナショナリズムの起源を「明治維新以降の成功した近代」に求めるのでアジア（特に韓国・北朝鮮および中国）への侵略政策を肯定する思考が前面に出てくる。その結果、隣接諸国との軋轢が大きくなる。

教育において以上の三つの現象がいかに展開するのかをもう少し見ていこう。グローバル化とは簡潔にまとめると近代国民国家を超えて資本が自由に展開することであると言える。生活実感的に言えば、日本のある地方銀行に口座を持っていて、その口座にリンクするクレジットカードあるいはデビットカードさえ所有していれば、ほぼ世界中のキャッシュディスペンサーから現金が引き出せるのである。インターネットに接続しさえすれば、日本に居ながら香港発マドリード行き国際航空券を購入することができるのである。モノ・金の移動がきわめて容易であることであり、それは資本の移動が自由であることに他ならない。この様なボーダレスとも言える社会の変化の中で将来を展望すると、グローバル社会に適応できる人材の育成が教育政策の主要課題として上がってくるのは理解できなくはない。しかし、もう少し詳しく見てくると事態はそう単純ではなく違って見えてくる。

資本が国境を越えて移動して行くということが教育へ与える影響は大きい。国内生産を前提としてその販売のみを国外市場に求め、そこでの利益を上げる構造では資本自体は自国内を前提として構成される。資本が国境を越えて移動するとなると話は変わる。資本が移動するとはより安価な労働力を求めて移動することであり、労働力そのもののダンピングが行われることになる。具体的には先進国の労働者が発展途上国の労働者との競争を強いられることになる。市場で強い商品はその品質が変わらなければ価格競争となる。商品の品質が同じであるということは、それを生産する技術水準が同じであることを意味するので、その技術を習得するための教育水準が変わらないことを意味する。教育水準を同等にすると競争で有利な方は当然、その教育に必要とされる費用が低い生活圏で教育を受けた人が強く、その人が生産した商品が強い。人件費を低く抑えることが可能なのだから、その人が生産した商品が市場の価格競争では強い。この様にグローバル市場を見てみると先進国で教育を受け成長した労働者は厳しい状況に追い込まれる。先進国の多くの労働者にとって教育にかける費用を削るか、もしくはその費用に見合わない収入に甘んじるほかなくなる。

高度な技術革新を伴う付加価値の高い商品を生産するには、それに見合った高度な教育を受けなければならない。これは当然である。またその商品をグローバル市場に持ち込み、売りさばくにはその地域ごとの宗教や文化・伝統を理解しなければならない。このような人材養成は確かに注目される。しかし、ここで見落としてならないのが、「労働ダンピング」されていく多くの人々である。生活費の高い先進国の中にあって、生活費の低い発展途上国で生活している労働者と賃金競争を強いられる生活を余儀なくされていく。国内に格差が広がり多くの人たちは自己の将来に可能性を見いだせなくなる。生活もままならない中で成長していく人々は当然、国家・社会に反抗的な思想を持つ可能性がある。だから、「愛国心」であるとか「道徳」などを教育していくことが必要になるが、それはグローバル資本の考えることではない。それを引き受けるのが資本主義国家であると考えられよう。資本主義社会は階級社会である以上、その調整機関としての国家を必要とする。資本主義社会の理念が自由・平等であるため国家の現実的運用においては教育を全市民的レベルに保障しなければならない。教育制度は労働力の分配装置であるともいわれる。

資本主義社会では本人の意思により職業選択がなされることを原則とするため、教育はその選択を土台部分で保障する役割を果たしているのである。近代社会の理念から見ても国家が教育を請け負わねばならない。しかし、資本はその国家をも食い尽くすが、しかし資本は国家なしには生きていけないのである。

2　最近の言説から

日本人の「知的水準」がメルトダウンしているのではないか。このように書くと何をばかげたことを言っているのかと叱られるかもしれない。しかしこのような問題意識はぼくだけではなさそうである。たとえば日本のリーダーである総理大臣が漢字を正確に読むことができないとか、最近では、若手の政治家が、基本的人権を「日本の伝統に合わない」との理由で全否定し、「自らがなぜ国会議員になれたのか」という自己の存在根拠すら理解できていないと思われる言動がなされている。ワイドショウでも現体制に肯定的なコメンテーターでさえ、政治家の知的水準の低下を指摘している。

このような内容のテーマをタイトルにした本をここ一〇年でよく目にするようになった。たとえば、榊原英資《さかきばらえいすけ》『幼児化する日本社会――拝金主義と反知性主義』（二〇〇七年）、郷原信郎《ごうはらのぶお》『思考停止社会「遵守」に蝕まれる日本』（二〇〇九年）、片田珠美《かただたまみ》『一億総ガキ社会――「成熟拒否」という病』（二〇一〇年）、長山靖生《ながやまやすお》『バカに民主主義は無理なのか？』（二〇一三年）等々などである。これらの作品の多くが今日の日本社会の行き詰まりあるいは閉塞感をその専門分野に軸足を置きつつ、かなり的確に描き出している。

バブル崩壊以後、失われた二〇年を経験した日本社会の混迷は深い。その間世界的には社会主義陣営の崩壊、それに伴い現存する資本主義社会に対する批判視点の弱体化などを挙げるときりが無い。しかし、私たちが生きている現代社会は民主主義社会である以上、その社会を構成する一人一人が主権者であり、その社会に責任を負わねばならないことも現実である。たとえば郷原は法化社会のあり方を規定するのは、法律の判断にみずからの思考を委ねるのではなく、自らが判断をして生活をしていく社会が先ずあってそこに法律が活かされていく社会が法化社会のあるべき姿であることを指摘している(2)。長山は民主主義社会を支える基本的な知のあり方を、民主党の政権交代の現実の中に見いだし、人々の新政権に託した思いと余りにかけ離れた様子を批判しつつ、市民の主体の中にとらえようとしていると読める。

彼らの問題意識は戦後民主主義のトレーガーである丸山真男《まるやままさお》が指摘する「制度を支える精神」とも言われている近代市民社会観に似ているようにも見える。丸山真男、大塚久雄《おおつかひさお》たちをはじめとする戦後市民派と言われてきた思想家たちは、一九五〇年の朝鮮戦争から六〇年の安保条約の改定を経て高度成長へと流れていく戦後史の中で、民主主義の理想像が物的豊かさを獲得する手段へと変質していく過程を厳しく問うた人々であった。日本社会に対する批判の主軸は、日本人の生活にある前近代的感覚・思考に対する批判であり、その克服が民主主義的市民社会を開花させるという展望があった。しかし、前述した人たちの日本批判は少し違っている。現代市民社会を前提として、その社会で生活する人々の中にある「知」の質に対する鋭い批判である。丸山たちの戦後社会に対する批判は、その前提として日本の現実がまだ天皇制的イデオロギーに呪縛されており、それが前近代色彩を帯びたイデオロギーであるという立場に立つ。その批判理論はマルクス主義的思想に影響されていた。社会批判の論理なのだから当然と言える。丸山らの市民派の主張は軍国主義批判の合理的思考と民主主義、それに高度成長の成果としての経済的豊かさが重なり、多くの人々から支持されていた。だが戦後七〇年がたち市民社会を経験した現代において、前近代的な思考に呪縛されているという批判は説得力を持たない。

丸山たちの批判した戦後の日本の現実を違った方向から批判する「思考」が存在した。それが「保守」思考であった。それは岸信介《きしのぶすけ》元首相らに典型的に見られる「大東亜戦争肯定論」であり、「日本国憲法押しつけ論」と言うべき主張であった。だが、アジア太平洋戦争おいて日本国民約三一〇万人、アジア人民約二〇〇〇万人を殺害した侵略戦争の体験が日本人の多くの中に大日本帝国憲法体制およびその結論としての戦争を忌避する思考を形成していたので、この主張は表立って多くの市民権を獲得することができなかった。

冷戦の終焉とともに事態は急変する。ベルリンの壁の崩壊に続き、「社会批判の学」としてのマルクス主義を支えていた現実国家としてのソビエト社会主義共和国連邦が崩壊する。体制としての社会主義が多くの問題を抱えてきたことは既に指摘されてきたことであるが、現実としては資本主義体制に社会主義体制が敗れたことを意味する。一九九〇年代にこのインパクトは大きい。市場原理の有効が確認され、資本主義批判の論理は足下からぐらつくことになった。戦後市民派の思考はこの波を受ける。そして同時にグローバル化の波が世界をおおう。全地球的規模で国際競争はいよいよ熾烈さをますことになる。主体的市民の形成という課題を掲げ、戦後日本社会が有してきた「前近代」の変革を主張してきた市民派に対し、「保守」が復興する環境が整った。彼・彼女らのスローガンとも思える主張は単純明快であった。「グローバル市場」に対する言語は「国内市場」であり、「グローバル」に対しては「ローカル」である。「近代的価値」に対しては「伝統的価値」。このような思考は物事を単純化するのに役立つ。国際社会で活躍するには「日本」を自己（アイディンティティー）の基軸に置くこと。そのためには、日本に誇りを持つ。誇るべき「我が国の歴史・伝統・文化」を批判する思考は自虐的だ。ある意味分かり易い思考形態が、難解な社会批判理論より受け入れやすくなる。社会科学の基礎的知識をさほど必要としない。このような「知」の在り方に対して、戦後語られてきた市民社会論はどこまで有効なのか。すでに賞味期限が切れているのではないか。先述した挑発的なタイトルとその議論はそこを厳しく問うているのである。

3　市場社会と教育の効用

グローバル化に対応するため、「国際競争力」とか「国際市場で勝ち抜く力」など勇ましい言語が、最近の政策文書やその作成のための審議録でよく見かける。特に高等教育改革の分野においては、産学協同路線から産軍学共同とも取れる政策が出されているのが今日の高等教育政策の状況である。付加価値の高い商品を生産する人材の育成は、高等教育で引き受けざるを得ない。高度な教育を受けた人材に高いイノベーションが期待される。高等教育を受けた人材が開発する商品は高い価値を持つだけでなく、その発想そのものに知的財産権がつくため、直接その商品を生産販売しなくてもおそるべき価値を生む。そのことから投資価値の高い分野であることはわかる。ここに注目すると高等教育政策立案の関心が、バイオテクノロジーなどの「理工学分野」に集中し、より大きな利潤を上げることが取りあえずの高等教育の目標となることは理解できなくはない。また初等教育段階から将来を見据えて「国際感覚」を身につけた人材を育成するため、カリキュラムを改革しようとするのは無理からぬことにも思える。

教育現場の様子を見てみると、例えば高等教育を受ける人材に奨学金などの経済的十分な保障をしているかと言えば、そうではない。返済免除条件は厳しく、多くは返済義務を持つ。実際は利子までつく始末である。日本の大学進学率はほぼ五六％前後であり、国民の二人に一人が高等教育を受けていることになる。経済格差が深刻化しつつあるなか、高等学校を卒業する過半数の若者が大学・短大に進学するが、進学する若者のすべてが学生生活を支えるのに十分な経済的基盤を持って進学していくわけではない。学生の保護者たちの収入が不安化している中、奨学金とアルバイトに頼り、学生生活を送る者が圧倒的に多いのが現状である。従って多くの学生は卒業後借金を背負うことになる。グローバル市場で活躍できる人材を目指すにしては、学生たちの現実は余りにも厳しい。大学生活の基本である読書時間すら十分確保できず、自分の目で他国を見ようにもその費用がない。学生のこのような現実に付け入り、アルバイト賃金以上の責任を持たせる「ブラックバイト」という事態さえ出現している(3)。

初等教育ではどのようになっているのか。グローバル化に対応するために英語教育が小学校に入る。小学校段階で英語を学習することについては専門家の間でも賛否両論あることは周知のことである。他のアジア諸国に目を移すと、たとえば中国や韓国では既に小学校一年生から導入されている。だから我が国も導入してはどうかという論理には与しないが、ことはこのような問題ではない。そもそも小学校の教員に英語が指導できるのだろうかという問題が残る。小学校教員は英語を教える訓練を大学で受けていない。教員たちに英語能力がないと言っているのではない。「教えること」と「知っていること」はそもそも次元の違うことなのである。「教えること」を学ぶためには当然費用がかかる。それの保障なしに、この議論は成り立たないのだ(4)。

なぜこのように学生の貧困と教育費にこだわるのか。すでに前節でも簡単に触れたが、ここではもう少し細かく教育にかかる費用と市場との基本的関係を確認しておきたい。また具体的に市場での取引場面から話を始めよう。

平等な使用価値を持った商品が市場に並ぶときは、その使用価値の質が優れている方の価格が高くなり、多少質的に劣っている方が安価になる。だが、質が同じなら、当然価格競争となり、価格の安い商品に軍配が上がる。シャツを例に取ると、繊維の質が同じで作りが同じなら、一着六〇〇円より一着三〇〇円の方が市場では強い。生活者的に言うと、二着で一二〇〇円より四着一二〇〇円の方がいい。多少ほころびはあるが安いシャツと、しっかり作られているが高いシャツならどちらを選ぶか迷う。安価なシャツが負ける場合、より価格を下げるか、それでも勝てない場合は市場から撤退することになる。市場からの撤退を避けるために製品の質を上げなければならない。よりよいシャツを作らねばならない。製品の質が同じになると、市場での競争は価格競争となり、より安価な商品が市場での勝利を得ることになる。このことを教育の視点から見直してみたい。

まず同じ二つの製品（例ではシャツ）を比較して、その品質に差があるということは何を意味するのか。作成するための技術力に差があるということである。技術力が高ければ当然その製品の品質は高くなる。技術力が低ければ当然それなりの品質になるのは明らかである。技術力に差があるとは何を意味するのか。かなり単純化して考えると、その技術を習得するために受けた教育の差であると言える。技術を習得する場合、ある程度の期間、教育を受けなければならない。その教育が成果を上げるためには、教育施設や適切な教授者の存在および教育を受けている期間、被教育者が生産活動から離れて生活が出来る経済的基礎が不可欠となる。ある一定の教育環境が整っていることである。製品の質が高いとはその生産技術が高いということ。そしてそれは高い教育の成果——ある一定程度整備された教育環境の成果——として見ることが出来るのである。となると技術力が低いとは十分な教育を受けることが出来なかったことになる。では同じ質の製品ではどうなるか。これも同様に考えれば答えはきわめて単純である。生産されたシャツの質が同じであるということは、その生産技術が同じであり、それを習得する訓練過程――受けた教育水準及びそれを保証する環境がほぼ同等であるということを意味している。

具体的に教育を受けることの出来る環境を考えてみよう。子どもたちが初等・中等・高等教育を受けられるとは、その国家なり社会が教育制度をしっかりと整えていることが前提になる。そして同時に子どもたち及び保護者たちが教育を受けることの意味を理解できていること――自らの将来に教育が有用であるとの認識を有していることが重要である。

製品の質をグローバル市場で争う場合、先進国の生産品が当然有利になる。先進国の企業自身は国内市場でも競争をしている。製品を生産する技術を高度化しなければならないため、生産機械の開発にも力を入れるから、それを支える人材を教育により作らなければならない。そのような人材養成を個別の資本が行うことは極めて高いコストとなるため、この政策は国家に委ねられることになる。先進国は人材開発にある程度の資金をかける。その結果生産性の高い生産機械の開発が可能となる。

生産力の高い機械を作成することとそれを動かして生産することは別である。動かす方が高い技術を必要としない。つまり高度な教育を受ける必要性が低くなる。しかし、機械を動かす生産労働に従事することとは、単純に商品を生産する機械を動かすということだけではない。勤務時間を守り、上司の指示に従い、製品の管理を行うなど生産現場の秩序に従わなければならない。このような労働倫理観を学習していなければならない。だから高度な専門的教育で獲得した「知」と異なった、ある程度全体を見通す「知」を教育で形成しなければならず、それも国家に委ねられる。

グローバル市場に登場する商品は、質的には先進国製のものが発展途上国で生産されるものよりも優れている場合がおおい。それは十分な教育を受けた労働者が高い技術で製品を作るからである。先進国においてはこのような商品をより多く、より効率的に生産するために生産機器の開発も進められる。一人一人の労働者に技術に依拠する生産より生産機器に委ねるほうが効率的であるから当然である。先進国は高等教育の整備とそれに支えられた工業力を背景とした大量生産によりつくられた商品を国際市場に投入してきた。そこで稼いだ利益を国内の労働者階級に分配し、国内市場の購買力を支えてきた。

先進国で開発された生産機器は、高度な専門的教育を受けなくても扱うことが可能である。先進国で生産され利用される生産機器はある程度の教育環境が整えば、そこで教育を受けた人々にも使いこなせるのである。発展途上国でも初等教育から中等教育まで整えば、先進国で開発された生産機器は使いこなせるようになる。教育制度の整備について見ると、初等・中等教育制度を社会的に整備する方が、高等教育制度を整えるより比較的易しい。発展途上国は初等・中等教育制度の整備を先行し、そのあと高等教育制度を整えていく。このように教育制度が発展途上国で整ってくると、資本は生産拠点を先進国から開発途上国に移すことが可能となるのである。ここで初めて資本が本格的にグローバル化する。資本の本質は労働力の搾取であるから、労働者が実際に賃労働に従事することなしに資本は転回しない。商品を国内で生産し、グローバル市場に売り出すだけでは、資本がグローバル化したと見ることは出来ない。

生産の管理部門は先進国で教育を受けた人々が受け持ち、直接生産部門は現地の人材が担当する。生産機器の性能差が限りなく小さい以上、価格競争になることは明らかであろう。商品の原価をひとまず原材料＋人件費として見ると、より有利な市場価格で販売するには、より安価な原材料を利用するか、人件費を抑えるかのどちらかになる。ひとまずここでは前者を一定として考えると、人件費の抑制になる。具体的には賃金が下がるということ。先進国の労働者の賃金と発展途上国の労働者の賃金はどちらが低いか。当然後者である。なぜか。労働者の生活費用が安いからである。労働力の再生産に必要な費用が安いから、労働賃金は安くなる。(5) グローバル市場での価格競争で先進国産のシャツと発展途上国産のシャツの価格競争は、労働者の賃金が違っているので先進国労働者にとってはきわめて厳しい競争になる。競争が厳しければ限りなく労働賃金はダンピングされることになる。原材料を安く仕入れることも同じことになる。結局原材料はそのままでは利用出来ないから人の手か入るから、人件費を含むことになるのである。

労働力の再生産費用についてもう少し見ておきたい。人は生まれてすぐ労働力にならない。当たり前である。生まれたばかりの赤ちゃんは、他人の支援がないと何も出来ない。周囲の人々や環境から様々な働きかけを受けて成長する。成長するには様々な物を消費していくことになる。またその成長段階に応じて就学前教育、初等教育・中等教育と教育を受ける。その教育を受けるために支援をしてもらう。例えば学校に行くためには服、鞄、教材など準備が必要であり、年齢がある一定の段階に達するまで労働から免除される必要がある。それだけではない。家に帰って休むわけだが、夕食からベッドの準備まで支援されて、子どもは成長していく。その過程で消費された必要品そのものに投下された労働力の総量が学業を終えて職に就いた時の賃金を規定する。個別賃金の額において多少の格差はあるにしても、社会的平均賃金はこの消費財の生産に投入された労働力の量により規制されている。先進国内の市場競争で見た場合、労働力の生産および再生産構造を破壊する可能性があるほど賃金がダンピングされることは少ない。しかし、国家を越えて展開するグローバル市場でこれを見た場合、状況は一変する。

　価格競争を制するために人件費を削減するということは、教育を受け成長し労働市場に出てきた労働力をダンピングするのだから、働く人個人の例から見るとたまったものではない。高いお金をかけて教育を受けてきたのに、安い賃金を強いられるのである。生活費用が高い国で教育を受けた人と生活費用が低い国で教育を受け生活してきた人が賃金のダンピング競走にさらされることになるのだから、前者は後者以上に貧困の危機に直面することになる。また、教育総体は学校教育・家庭教育・地域社会の教育（社会教育等）により構成されている。働く人間の生活が貧困化して行くと新たな労働力そのものの再生産過程が貧困化していくのである。社会で生活する人々の収入が少ないということは市場が縮小していることで、そこを基礎としている国家の財政がきつくなる。従って社会資本である学校教育や地域の教育施設への投資が出来ず、貧困化した家族への支援も難しくなる。

　教育はその性質上、地域の共同事業として展開してきた。近代公教育制度は近代国民国家を形成するために国家事業として整備されてきた。国民をイデオロギー的に統合すること（秩序維持機能）と産業社会の担い手の育成（労働力の形成）を基本的な役割として近代公教育制度は発展してきたと見ることが出来る。(6)グローバリゼイションは、資本が国民国家の枠組みを超えて展開することで、資本主義社会の担い手の育成に強烈に影響を与えたのである。共同性を重視すれば当然、貧困な家族とその子どもたちに経済的支援をしなければならず、新たな教育課題を見いだせばそれに対処する財政的支援をしなければならい。しかし、それを公的に展開すれば当然そこで成長した人の人件費は高額化する。税金を投入しても賃金をダンピングすれば人件費が低いのだから税金の回収が難しい。それに特に日本では市場が縮小化し税収が逼迫している。そこで受益者負担の原則を公教育に持ち込むことが政策立案者には魅力的に映るのである。こうして共同事業としての近代公教育の崩壊が始まる。グローバル資本による社会の共同事業としての教育が吸収されていくのである。

4　学習主体の消失と克服

資本がグローバル化することと多くの人々が貧困化する現実は、マスメディアや週刊誌、実際の政府統計等でも確認できることである。小泉純一郎《こいずみじゅんいちろう》内閣の構造改革以来、非正規雇用者数は増加の一途をたどり、賃金は回復しない。安倍晋三《あべしんぞう》第一次内閣、福田康夫《ふくだやすお》内閣、麻生太郎《あそうたろう》内閣を経て政権が変わり二〇〇九年九月一六日国民の期待を背負い民主党鳩山由紀夫《はとやまゆきお》内閣になったが、長くは持たず菅直人《かんなおと》内閣を経由して野田佳彦《のだよしひこ》内閣で民主党政権は終焉する。二〇一二年一二月第二次安倍内閣が成立した。この内閣は国権的志向のきわめて強いタカ派内閣で、アベノミクスというリフレ政策と規制緩和を前面に押し出し経済の復権をテコにナショナリスティックな政策を実現していくという性格の政府として現れた。コアな支持者はネトウヨ的な指向性の強い人たちであった。東京株式市場の日経平均株価は回復し、トヨタなどの輸出産業は史上空前の収益を上げているが、格差問題は解決の方向さえ見えず、多くの人々が低い賃金での生活を強いられている。二〇一四年日本国の子どもの貧困率は厚生労働省によると一六・三％であり、先進国の中ではトップクラスに位置づく。特に一人親家庭の子どもの貧困は深刻さを増しているのが日本社会の現状である。

教育学的に観て貧困化とはどのようなことなのかを具体的に考えてみたい。まず教育という行為が成り立つためには、その前提として学習者の学習動機がなくてはならない。これがないと教育⇕学習の関係は成り立たない。だから教授者は、学習者の学習動機を先ず引き出すことから始める。「教えよう」と意図している内容に対して興味を持たせるのである。学習動機が明確であると学習は成果を上げる。つまり教育の結果が出る。

学習動機が明確であるということは、学習者にとって学習の結果が「自己実現に密接に結びついていると理解できている」ことに他ならない。例えば受験勉強にしても受験勉強そのものに関心があるのではなく、その結果希望した高等学校なり大学なりに合格し、入学後の自己実現が見えるからである。また、自動車学校に入校するのは、交通法規や自動車の構造に直接関心があるわけでなく、さしあたりライセンス取得が目的となるが、そのさきに学習者個々人の自動車を利用した生活という自己実現が見えるからである。外国語の学習にしても、受験の主要教科であるために学ばねばならない(合格できない)とか、外国に行って出来るようになりたいとの自己実現像がある。このように学習者の視点から学習動機を探っていくと学習動機というのは、実は学習者の持つ社会観に強く規定されていることが分かる。

社会観とは、社会思想と言い換えてもいいかもしれない。社会思想史研究の古典的名著『社会思想史概論』では社会思想とは哲学や宗教あるいは文化様式というものを社会思想としているが[(7)]、社会観とは人がその社会で生き抜いていくための社会理解のための主軸と理解していいものである。私たちは生活を送る中で、その社会の見方・考え方、伝統や作法、秩序意識など生活に必要な様々な行動規範を必ず学習する。

この見方は社会教育学の古典で宮原誠一が環境による教育として理解した概念であり、また古くはJ・S・ミルが「進歩した社会に生きる人」は「未開の社会に生きる人」よりも様々な分野での知識の量が多いと指摘し、それを広義の教育力として理解していたものでもある[8]。社会教育研究ではこれを地域社会の教育力としてとらえている。これに対して学校教育など教育目的がはっきりしている教育を狭義の教育という。

人は「経験」をして成長していく。学習はこの経験を基盤として成立する。ヴィゴツキーの最近接領域論になぞらえれば、経験が学習により獲得される知を支えるための基盤となっており、それを越えて行くために「知を獲得していく過程」を支援することが教育であるとみると、この経験というのは学習を支える重要な契機と言える。社会観とは生活世界で様々な経験により蓄積され、ある程度自分自身の思考により理解・納得された価値意識なのである。身近な例を挙げれば、服を買うときの色や形、好きな食べ物などから礼儀作法や金銭感覚から秩序意識、家族観、女性観や男性観および国家観までを規定する価値意識を社会観として考えることが出来よう。

人が「豊かである」とは、様々な経験が出来るということである。「モノがたくさんある」ということではない。そのモノを利用して様々な経験を通して自らの「知」を拡げ、想定した自己像に近づけていくことが出来るということである。資本主義社会において様々なことを経験するとは、商品（様々なサービス）を購入して、それを消費することを意味する。貧困化が進むとどうなるのか。このような学習の基礎となる経験が出来なくなるということなのだ。もちろん個々人は別々の人格をもち、別々の生活環境の中で育ち、人それぞれの特徴を身につける。ここで問題としていることは、このような経験の違いではないのである。圧倒的な経験の量的格差なのである。国家内で格差社会が広がっていくとは、この量的格差が階層的に広がっていくという事実なのである。

貧困な生活を送ると人はどのようになるのか。食事に十分な時間を取らず、取りあえず安価なファストフードのみに頼る生活をすると、食事が人間にとって重要なコミュニケーションであるということを学習できない。経済的理由により服装選択の幅が狭くなるとファッションのセンスを学習出来ない。旅行などに出かけないと地域への興味がわかず、自己の文化や伝統を学習出来ない。このような現象が積み上がると、自分の身近な出来事以外に関心が低くなる。自己が生活している社会や歴史・文化等に関することに興味関心が低くなるのである。つまりこれはアイデンティティーを確立することが難しい個人が形成されると言うことである。[9]

貧困問題が深刻化するとは、貧困ゆえに社会観を十分に確立できない人々がかなりの多数をしめるということになるのである。既に記したことだが、教育⇔学習という関係が成立するには、学習者の側の社会観が前提となる。従ってその前提が揺らいでくるのである。学習者の学習動機が十分に形成されにくくなるが、それでも教育⇔学習関係を維持していこうとするとかなりの外的強制が必要となる。学習に対する学習者の疎外意識が強くなる。公教育は先述したように労働能力の陶冶と秩序意識の形成を役割としているため、学習者の側から学習による自己実現が見えない分だけ後者を強く押し出さざるを得ない。だから貧困層が拡大してくると、公教育では「道徳」というイデオロギーが色濃く出てくることになる。イデオロギー教育の強化は批判能力の抑圧なのだから、合理的思考の成長を疎外する。物事を合理的に考えていく思考は、学習主体がかなりしっかりしていないとできない。学習に対する疎外感が強いとは、自己のアイデンティティーの確立過程からの疎外感が強いということ、換言すると自己肯定感が希薄化することでもある。疎外された自己を取り戻すために他者の在り方との相違を見出し、在りのままの自己（希薄化した自己）を肯定するために他者が有する歴史性や文化・伝統を蔑むという排外的思考が顕著になる。ここに抑圧の移譲構造（差別の論理）を見ることができよう。貧困によるアイデンティティーの疎外状況が、今日「ネトウヨ」と称される排他的感情を有する人々が多数出現したり、ヘイトスピーチが拡大したりする一つの要因を構成しているといえる。

5　生涯学習の論理と挑戦

貧困による学習疎外の状況をいかに克服するかは極めて重要な問題である。疎外された自己を取り戻す方法は、大きく分けて二つある。一つは自分よりかより疎外状況が悲惨な他者を見出し、その他者を差別抑圧することで今ある自己をとりあえず肯定する。もう一つが、自分の置かれた現実を変革することを通して、自己疎外を克服していく方法である。学習疎外におかれると人は多くの場合前者を選択する。そのほうが容易であるからだ。後者は状況を理解するためにある程度の知的トレーニングをしなければならなくなる。やや大げさな言い方をすると学問をしなければならない。

学問とは、様々な事象を合理的に考えていく知的トレーニングであり、当然それは人が不条理な状態に置かれた根拠を考察し、それを解決する方向を模索する営みでもある。近代社会成立以降、「学問は呪術への挑戦」（マックス・ウェーバー）として学ばれてきた。非合理なものの考え方に対する合理的思考は、それまで古い社会を支えてきた道徳・倫理あるいは宗教観まで批判の対象としてきた。自己の置かれた立場や状況を的確に把握すると同時に、自己や社会の認識の転換を生じさせていく。だから「知識は人を自由にする」と言われる所以である。

すでに見てきたように貧困な環境での生活が続くと学習行為の根幹を揺るがしかねない。実は社会教育は敗戦後、混乱と貧困の中で人々の「知」をいかに保障するかという課題を担って展開されてきた。

戦後日本社会は敗戦により、大日本帝国憲法＝教育勅語体制の持っていた価値観が基本的に崩壊し、新しい民主主義的価値観を社会の土台とし発展してきた。社会教育も自らの歴史を批判し、基本的人権を中核にした教育政策として展開することになる。社会教育政策においては地域に民主主義を定着させるために、地域社会の教育施設として公民館が建設された。一九四六年寺中作雄《てらなかさくお》が戦後拡大した選挙権を行使する主権者としての住民の学習の場として全国に公民館設置を構想したのである。(10)これを寺中構想という。大日本帝国憲法下における社会教育は団体中心主義とその特徴が指摘されている通り、在郷軍人会・青年団・愛国婦人会など団体が中心となり、国策協力を基本的役割とした社会施策であった。敗戦を契機に主権在民を基礎とする日本国憲法下で個人を中心として学習活動を展開するには、その個人の学習を支援する施設がいる。それが公民館である。そのことを指して戦後社会教育政策の特徴を施設中心主義という。学習の主体が団体活動から個人の学習活動へと転換したのである。学習の内容は生活課題を解決することを主軸に置いて展開されてきた。一九五〇年代では中学校卒業後の青年たちの学習保障の場として、六〇年代には家庭教育学級など子育て支援の学習の場として、七〇年代に女性問題学習の場として、八〇年代には地域の人材づくりの場として公民館は活用され、地域社会の「知」を作り続けてきた。(11)

一九六五年ユネスコでポール・ラングランが生涯教育を提唱して以来、生涯教育という考えが世界的に広まった。ラングランは変化の激しい社会で生活をしていくために、人はいつでも教育を受けていないとその変化に取り残され、生活をしていくことが困難になる可能性を指摘し、生涯教育の必要を提起したのである。その学習については個人の学習動機を基礎としていた。日本では一九八一年中央教育審議会から答申「生涯教育について」が出され、生涯学習については以下のように記されている。

「人々が自己の充実・啓発や生活の向上のために、自発的意思に基づいて行うことを基本とし、必要に応じて自己に適した手段・方法を自ら選んで、生涯を通じて行う学習」である。

生涯学習という考え方が以上のような特質を持つために、日本ではこの考え方は最初に社会教育の中に入ってきた。自発的意思に基づく学習は戦後社会教育実践で培われて来た学習観であるので、ある意味当然ではある。

八〇年代に入って日本において曲がりなりにも市民社会が成熟期を迎えると、「社会教育の終焉」が指摘されるようになる。教育という考え方は日本的文脈で理解すると「オシエ・ソダテル」という意味であり、社会教育という行政が市民を「オシエ・ソダテル」ということが必要なのだろうかという問題意識であった。農村共同体が主流の国家を考えた場合、「長老」なり「わけしり」がその構成員に伝統やしきたり、文化を教えるという構造を前提とした公民館は、産業国家となった日本にはすでに必要ないのではないか。社会教育は終焉する。市民の学習活動は民間に委ねるべきであるという提起である。この主張は戦前からの継続で社会教育史を眺めた場合、当を得たものであった(12)。

一九四五年八月敗戦後の社会教育は、それまでの国策協力の在り方を厳しく自己批判し展開されてきた。新しい政策が提起されるときも必ず国家との関係が問題となった。社会教育における自由とはことのほか重みを持つ言葉であった。だから、社会教育実践が行政による市民の「オシエ・ソダテル」ものであるとの指摘は社会教育関係者に衝撃を与えた。この議論が展開されている時、生涯学習が日本で注目され始める時でもあった。

多くの市民は現代社会の現実を批判的に洞察し、自由な自己形成をすることができるのか。学習を提供する環境を市場の原理に任せてそのすべてから行政が手を引いて平和で文化的な国家形成が可能なのか。この問は社会教育関係者からの静かな疑問でもあった。バブル経済のもと、確かに豊かな学習にお金をかけ、自己実現を図っている市民は多い。だがその反面、差別抑圧の状況が変わらず厳しい生活を強いられている多くの人々の存在を見るとき、市場システムに学習の環境醸成をすべて委ねることが可能かどうかという疑問は極めて正統であったといえる。地域社会とともに歩んできた社会教育だからこそ見えた現実であった。社会的弱者に視点を当てた教育の意義をどのようにとらえるのか。日本社会教育学会ではこの問と向かい合った。社会的弱者の視点は、その人々の生活権の保障問題であることはもちろんのこと、その弱者を生み出す社会が内包している排外的差別的性質の問題であるという点が明らかにされた。この指摘は現代差別問題を論じる時、常識なっていると考えられる(13)。筆者は、バブル経済の全盛期、日本人が取り組むべき最重要課題の一つがこの問題であったと考えている。例えば今日少子化が問題となっているが、一九八〇年代後半、女性解放論者の多くは、女性の就労状態がM字型雇用である点を批判し、女性に正規就業を保障する政策実現——子育てと家事労働の社会化を強く訴えていた。すでに一九七〇年代に政治学者水田《みずた》珠枝《たまえ》や経済学者竹中《たけなか》恵美子《えみこ》たちが指摘してきたことではあるが(14)、これらの指摘が八〇年代後半に多くの女性解放論者に共有化されていた。しかし、政府や企業はこの問題提起に十分に答えなかった。また戦後、特に七〇年代以降部落解放運動は、運動体が中心となり学校内の差別問題について取り組んできた。そこで問われたことは学校教育が内包する排他性であったが、それを深刻な課題として学校側は十分に受け止め切れていなかったと言える。八〇年代の経済的豊かさを背景に多くの日本人がアジア諸国を観光目的に訪れたが、日本とアジアとの歴史的関係に思いをはせることなく、「進んだ日本」と「遅れたアジア」との認識を日本人同士で共有化するにとどまり、明治以降のアジア諸国に対する差別意識は克服されず、むしろ強化され、二一世紀におこるであろうアジアの成長など想像もできなかった。[15] 一九九〇年代に入り、バブル経済は崩壊。日本はその後遺症から抜け出ることができず、「失われた二〇年」を経験することになる。二一世紀に入り、本格的なグローバル化の波は日本経済に大きな影響を与え、格差社会が出現した。

現在、女性問題に即して言えば、子育てと家事労働の社会化は十分に制度として確立せず、待機児童問題を深刻化させているし、女性の就労状況も深刻でフルタイム雇用はほぼ進まず、男性労働者までもが非正規雇用という状況が出現している始末である。教育についても同様で、教育現場でおこる部落差別の問題を学校教育に内在する排他性の問題として理解しなかったため、部落出身者以外にまで差別は拡散し、多くの子供たちが「排除と差別」（いじめ被害）にあっており、それが原因と見られる自死が後を絶たない。そして中国・韓国認識に典型的にみられるアジア諸国に対する差別意識は変革されず、曇りのない目で「今アジアで起きている変化」を正確に理解できないでいる。安全保障に重点を置く政策――平和外交や経済・文化交流の重要さよりも軍事的対立関係にばかりに注目する政策――がとられている。国内ではヘイトスピーチなどの排外的民間活動が堂々と大都市で展開されている。

豊かであった時代になぜ社会と歴史・人権と多様性、伝統文化などを十全に学習できなかったのだろうか。社会教育研究の視点から見ると、日本社会における学習に関する見方に一つの特色を読み取ることができる。それは、学習内容や学習プロセスで獲得していく価値に対する評価が極めて低いことである。それは換言すれと学習者の視点から教育⇕学習の関係をとらえるということへの関心の低さといえるかもしれない。それに対して学習の即効的成果への評価が突出的に高いということである。

例えば学校教育を社会教育の視点から眺めてみるとこの指摘は理解されると思う。理科の時間で「雪が解けたら何になるか」との質問を考えると正解は「水」である。これは自然科学上の真理であり、決して誤りではない。しかし、生活実感から「北国の子どもたち」にとっては「春になる」のである。雪どけは春であり、水は川である。この答えは概念を混同した間違いである。だが、この答えの中に「雪」というものを生活の中で感じたことのない子どもたちと、どっぷり雪とかかわり生活してきた子どもたちの経験の違いがあることは確かである。社会教育はこの違いにこだわる。学校教育はこの違いにこだわると学習指導要領に盛られた内容が終わらない。いわゆる客観的な評価も不可能である。入学試験にも出ない。もちろん獲得されていく経験知はなかなか数値化が困難であるが、それに対する評価が極めて低いのである。

学習者は一つの事象を学習するとそこからさまざまな「知」を獲得する。受験勉強を強いられれば、受験知識は獲得するが、同時に学習への疎外感も獲得する。実はこの学習総体の在り方をどう考えるかということは学習者をどう理解するかにかかわるのである。換言すると、教育を組織する側が学習者を自分と同じ人間であるとどの程度理解できるかにかかわる。同じ欲望を持ち、成長・発達過程で違った経験を持つ学習者への理解は、教育を「技術や知識」を授けるという思考に縛られているとなかなか進まない。学習者が、教育者が意図したこと以外に興味を示したとしても、それは教育者にとってあまり意味のないこととして扱われることになる。このような関係の中で学習者自身も教育者のように興味を示すこと自体から離れていく。コンパクトにまとめられた参考書に重点化した学習に慣れてくると博物館や美術館、その他さまざまな学習施設に関心が薄れてくる。

さらにこの見方が進むと学習施設の利用そのものが「知」を習得する限定的な施設（学校のような施設）として理解されるようになっていく。本来、博物館や美術館、図書館などは市民の自由な知的空間である。あるいはリラックスした休息空間と言ってもいいかもしれない。反論はあるかもしれないが、私たちが休暇を利用してフランスパリや中国北京へ旅することを想像してもらいたい。どこに行くだろう。パリならルーブル博物館やベルサイユ宮殿（現物展示型博物館）、北京なら故宮博物院や長城博物院（万里の長城）ではないだろうか。つまり休暇の旅先が学習施設なのである。市民を対象とした学習施設とはこのように市民の文化環境を構成しているものであり、それにより市民の学習動機を醸成していくものであるのだ。確かにレクリエーションではないかと指摘されるが、このように結果に直結しないことを無意味化する思考が問題で、これが、日本社会では学習についての理解が十分になされなかったことの証左でもある。社会教育法をよめば誰でも理解できることであるが、レクリエーションは立派に学習活動である。学習活動に対する歪んだ理解は、例えば自民党竹下政権時代、地域振興としてふるさと創生のために地方に自由に使えるお金を配っても、宝くじや金塊、温泉開発に利用され、市民の学習環境をいかに構想するかという議論ができなかったことでも明らかである。少なくとも経済的には今よりもずっとゆとりのあった時代に、市民の教育・学習を行政がどのように支援するべきかの議論が、バブルの前にかすれて行ってしまった。また多くの人々も自己実現や自己決定のために貨幣をいかに使うのかということの問題意識を持ちえなかった。

そして現代社会教育施設は行政改革のやり玉に挙げられている。大阪府の人権をテーマにした博物館などその展示内容まで批判されている有様である。ユネスコ世界遺産の登録にしても例えば富岡製糸場跡などに注目すると、確かに登録されたことはよいことではある。訪問者も増え、経済効果は高い。だが、その工場跡の歴史の中に、明治近代化のもと半奴隷労働を強いられながらも糸を紡いだ若き女たちの苦悩をどれだけの参加者が読み取ることができるのだろうか。学習施設とは一方で憩いの場であり、また一方で深く文化歴史を学習する場である。学習活動を広義に理解しているとはこの両者視点を理解しているかにかかるのである。

財政難を理由とする教育文化活動への金銭的な制限は、確かに一時的には説得力を持つ。個人の享楽だからこれを税金でやる必要がないとの意見は財政が貧しくなるほど説得力を増す。しかし、民主主義社会を形成していくためには教育・文化そして学習活動はどのような意味があるのかを十分に問わない議論の下で計画された将来像は必ず破たんする。少子化社会がそのいい例であると思う。「一億総中流」と言われ、「幻想の豊かさ」を謳歌した時代と対照的な格差と不安定な時代に我々日本人は何を学ぶべきかが厳しく問われている。

その意味で今日「知識基盤型社会」と言われ、教育政策がかなり偏った「知」へと傾斜していく時だからこそ「知識」の内実が問題なのである。今まで見てきたようにこの知の中身は今目の前にある社会をいかにとらえ変えていくのか、またそれを成し遂げる人材をいかに教育していくかを問うものでなければならないと考える。生涯学習は、そのための環境をいかに醸成するかという極めて重要な課題を担っているのである。

おわりに

知識基盤型社会と言われ、グローバル化に適応する社会を展望する政策が決められ、それに即して具体的教育施策が展開しているにもかかわらず、その社会を支える基礎的「知」およびその形成過程がかなり危機的状況にあることは理解されたと思う。そしてそのような「知の崩壊」あるいは「反知性主義」が社会を覆いつつある原因が、構造的には資本のグローバル化による貧困層の増加と格差の拡大にある点は明らかであろう。同時に問題が深刻化した原因の一つは財政的に見るとバブル期に有効な教育と学習への投資の欠落させたことであり、それゆえ日本社会の危機を乗り越えうる市民主体を十分に形成できなかったと見ることができるであろう。元外務省職員で早くから反知性主義に警鐘を鳴らしてきた佐藤《さとう》優《まさる》氏はその克服方法を柄谷行人《からたにこうじん》の柳田国男《やなぎたくにお》論を読み解きつつ、今日日本社会を覆っている反知性主義の特徴とその克服について以下のように記している。

「近代の歴史は反知性主義と相性がいい。民族の数だけ歴史があるということを皮膚感覚で理解しなければならない。自らが所属する民族の歴史を相対化することによって、他者の内在的論理を理解できるようになる。平たい言葉で言い換えると『他者の気持ちになって考えることができる』ようになることが、反知性主義克服の第一歩なのである。(16)」生涯学習の分野とはかけはなれているように見える元外交のプロが、現代社会で生きていくための『知』の獲得方法、言い換えれば学習方法論にまで踏み込んで発言してくるということは、いかに現代日本社会で日本人一人ひとりがグローバル化社会における知を学習していくことの意味を深刻に捉えねばならないかを意味していると言えよう。

以上で述べたように、生涯学習社会において、貧困克服と市民のための「知」の獲得方法、そして一人ひとりの人権の保障はまさに待ったなしの課題なのである。

註記

（1）大学教育への要請は、基礎学問分野の「不要論」とも取れる発想から来ていると考えられるが、この点について元ＮＨＫ経営委員長代行上村達男氏が「反知性主義」との関係で具体的に展開している。ＮＨＫの実際の委員会を手掛かりとしてガバナンスの視点からの証言だが、今の大学の状況を理解するうえでも興味深い。上村達男『ＮＨＫはなぜ反知性主義に乗っ取られたか――法・ルール・規範なきガバナンスに支配される日本』（東洋経済新報社、二〇一五年一〇月）「第三章　粉井現象の底流としての反知性主義」を参照。

（2）郷原信郎『思考停止社会』（講談社現代新書、二〇〇九年）参照。

（3）大内祐和　今野晴貴『ブラックバイト』（堀之内出版、二〇一五年四月）参照。ブラックバイトの実態現場レポートを踏まえ総合的に分析されている。労働界と教育界への警告の書でもある。

（4）学校教員養成課程には教職専門科目という科目群があり、そこに教科教育法関係科目がある。小学校教員免許の取得を希望する学生は、小学校で指導するすべての教科の教育法を履修することになっているのであるが、そこには英語科教育法ないしは外国語教育法は含まれていない。

（5）労働力の価値規定と教育の関係についてマルクスは『資本論』の中で次のように簡単に触れている。マルクスが資本論を執筆した時代は女性が教育を受ける機会を剥奪されていた時代であったため、マルクスも時代の制約を受けている箇所でもある。

「労働力の価値は、平均労働者の慣習的に必要な生活手段の価値によって規定されている。この生活手段の形態は変動するかもしれないが、その量は、一定の社会の一定の時代に与えられており、したがって不変量として取り扱われてよい。変動するものは、この量の価値である。そのほかに二つの要因が労働力の価値規定に参加する。一方には、生産様式につれて変わる労働力の育成費があり、他方には、労働力の自然的相違、すなわち、男か女か、成熟しているか成熟していないかという相違がある。これらのいろいろに違った労働力の使用もまた生産様式によって制約されているのであるが、この使用は労働者家族の再生産費と成年男子労働者の価値とについての大きな相違を生じさせる。」（K・マルクス『資本論』第三巻、大月文庫、二七頁）。

マルクスのこの指摘を素直に読むと社会に存在する労働力の価値は、その労働力が再生産されるために消費した財貨の価値に規定される。言い換えるとたとえば一日は働いて帰宅し、食事をとり、お風呂に入り着替え、床について眠りよく日おきて朝食をとり、新しい服をきてまた仕事場に復帰するまでに消費した、あるいは使った生活必要品の総価値にあたる。食事の量や服の量、ベッドの量はひとりの人間の消費量としては平均値からそう大きく外れることはない。たしかに一泊数十万円のホテルで生活をしている人がいるかもしれないが、この社会で働く人の総量のからみると、つまり社会的平均に直すとそれを利用できる人はきわめて少数者になるから、一人ひとりの消費価値総量はそう大きく違わなくなる。この労働力の価値にそれぞれ個別的価値と言うべきものが加味される必要がある。それは、労働の質を区別すべきものである。簡単に言うと大工さんの労働だったり、また床屋さんだったり、あるいはお医者さんだったりすることである。これらの様々な職業に就くためには訓練＝教育を受けなければならない。この教育期間中に投入された価値の総体が労働力の価値に影響するという計算になる。と同時に労働者は一人で生活しているわけではない。家族を形成する。家族ひとり一人は個々の人間であり、労働力商品ではない。将来の生活者である。そのために家族は労働力そのものの再生産機能を持つことになる。その再生産過程で消費される必要物に投入された労働力価値がそこで生活してきた人の労働力の価値を規定することになる。

（6）近代の教育制度は、ブルジョアのための教育、労働者の強化のための教育そして動労者自身のための自己教育の三重構造をとると指摘されている。学校教育が普遍的な制度として成立するのは、支配階級からは労働者に対して秩序と労働能力の陶冶をさせねばならず、労働者の側からすると自己の労働能力の形成は自己実現とも重なり、それを私教育ではなく、公教育により実現させようという要求がある。なお三重構造については教育学の古典的文献である堀尾輝久『現代教育の思想と構造』（岩波書店、一九九二年）参照。

（7）高島善哉、水田洋、平田清明『社会思想史概論』（岩波書店、一九六二）

（8）J・S・ミルがセント・アンドルーズ大学での名誉教授就任記念講演において、教育について以下のように述べている。

「教育には、人格の完成に自分自身を少しでも近づけるという特定の目的に向かって自ら努力し、また他の人々からもそのための援助を受けるという事回が含まれているのは当然なのですが、実はもっとそれ以上のことが含まれているのです。つまり教育という言葉のもっとも一般的な意味のなかには、人格の完成というその直接的な目的とはまったく異なっている事柄、例えば、法律、統治形態、産業技術、さまざまな社会生活の様式等、さらに人間の意志に左右されない物理的現象、例えば、気候、風土、地理的位置等が、人間の性格と能力とに及ぼす間接的影響などまでも含まれるのです。人間形成に影響を与えるものはすべて、つまりは、個人を現在の自己たらしめ、現在の自己からかけ離れないようにさせているものすべては教育のなかに含まれます。」（J・Sミル『大学教育について』竹内一誠訳　岩波文庫、二〇一一年）

（9）伝統文化とアイデンティティー形成に関しては相庭和彦・渡邊洋子編『日中韓の生涯学習――伝統文化の効用と歴史認識の共有』（明石書店　二〇一三年）相庭「第一章　グローバル化社会における伝統文化学習の生涯学習的意義」および渡邊「第五章　日本における文化伝承と生涯学習」を参照。

（10）寺中作雄『公民館の建設――新しい町村の文化施設』公民館協、一九四六年。

（11）相庭和彦『現代生涯学習と社会教育史』（明石書店、二〇〇七年）参照。

（12）松下圭一『社会教育の終焉』（筑摩書房、一九八六年）。

（13）一九九〇年社会教育学会ははじめて差別問題に本格的に取り組んだ成果として研究年報『現代的人権と社会教育』編集する。一九九〇年当時社会教育学会が人権問題に取り組んだ成果および研究水準として参考になる。

（14）水田珠枝『女性解放思想史の歩み』（岩波書店、一九七三年）、竹中恵美子編『現代の婦人問題』（創元社、一九七二年）参照。

（15）アジアに対する偏見、特に中国に対する偏見はひどく、中国の経済成長を曇りない目で展望することができていない。この点について孫崎享が著書『不愉快な現実――中国の大国化、米国の戦略転換』（講談社現代新書、二〇一二年）の中で欧米人と日本人の中国の経済成長をどう観るかを比較したデータは興味深い。「GDPで中国はアメリカ合衆国を追い越すか」との質問に日本以外の国の人々は過半数がYESであるのに、日本人は六〇％がNOと答えている。この認識から孫崎は日本人の中国認識の問題点を指摘している。

（16）佐藤優『知性とは何か』（祥伝社新書、二〇一五年）七八頁。

第二章　現代社会における差別現象に関する原理的考察

——貨幣を媒介として形成される人間関係の批判的考察——

0　問題の縮図——資本主義における「平等」を問う視覚——

本章は、マルクス貨幣論を手がかりに、近代市民社会の「すべての人間は平等である」という言説を「貨幣」と「交換」を基軸として考察していくことを基本的な狙いとしている。社会主義体制が世界的に崩壊して以来、市場経済が世界中を覆いつくし、それに並行してそこで主張される「人間観」が、普遍的な人間像として扱われ、そこに入らない具体的な人間を淘汰しようとしている。一方で「人間は平等である」とされつつ、他方でそのカテゴリー外の人は、その主張とはおよそ逆さまな扱いを受けるという現象は文化・宗教の違いといって説明できるものではないのではないか。市場経済、言い換えれば貨幣を基軸とした経済活動は、その本質において如何なる人間を生産しつつあるのだろうかというやや古典的な問題を「差別と平等」という問題の枠の中で考えてみようというのが本論のねらいである。

この考察の具体的な方法として、教育学研究、特にその中の「窓際的」領域の研究者であるぼくが、『資本論』を取り上げる。それ故、専門諸氏から資本論研究をソ連崩壊後やや斜陽になってきたことをいいこと幸いに勝手な理解をしていると思われてもしょうがない。それを覚悟の上で「自説」を開陳しようと思う。三五年ほど前に初めてまじめに読んだ社会科学の古典が『資本論』であった。その鮮烈な影響ゆえ、「差別と教育」というさしあたり直接には関係ない事象を考える時も、どうしても『資本論』から自由にならない。そこで一層のこと無理は承知でまとめることにした。資本論の中で強烈に記憶に残っている章が「第一章商品」である。

ぼくが教育学の勉強を始めた（一九七〇年代終わり）頃、マルクス主義教育論といえばG・クラップ『マルクス主義教育論』や大橋精夫《おおはしきよお》『マルクス主義の教育思想』（青木書店）などであった。このころの論調は初期マルクス疎外論を基礎に労働を通しての発達論であり、イギリス工場法制定過程における教育施設建設のための労働者階級の闘争への注目であった。階級闘争の歴史的過程の中で学校教育が成立してくる必然性を『資本論』の関連個所を援用して説明し、教育の階級性を実証していく方法がマルクス主義教育学理解の主流であったと思う。また教室における具体的教育実践分析の学は、マカレンコの集団主義教育論であり、その日本への紹介者である矢川徳光《やがわとくみつ》ソビエト教育学を基礎とした教育実践論であった。このような研究の流れの中で、『資本論』第一章は教育学研究とはあまり関係していないとして、引用されることは少なかったと思う。しかし、この第一章は少々難解ではあるがなかなか面白い。

本章では、まず最初にマルクス価値論の整理をしていく。そこでの整理をとおして、交換という関係がどのような人間を形成するのかを省察する。次に、このマルクスの理解を前提としつつ、貨幣を媒介する交換が、人間関係をどのように変貌させていくのかを木下順二《きのしたじゅんじ》『夕鶴』を素材として考えてみたい。そして最後に、貨幣なるモノが、人間社会においてどのような存在なのか今村仁司《いまむらひとし》『貨幣とはなんだろうか』

を手掛かりに追っていこうと思う。以上の考察をとおして、本章の主題に迫れればと考える。

1 『資本論』「第一章　商品」の論理を手がかりとするとするアプローチ
―人間関係を「抽象的に平等」に調整する力の論理―

「資本主義的生産様式の支配的である社会の富は、「巨大なる商品の集積」として現れ、個々の商品はこの富の成素形態として現れる。したがって、われわれの研究は商品の分析をもって始まる。(1)」

資本主義社会の富の細胞形態を商品として、それを分析することから資本主義社会の本質に迫る方法論は、この書き出しから始まる。「商品」と抽象的に表現するが、具体的には自動車であったり、洋服やパン、または家具などであったりする。つまりわれわれが日常的に利用しているモノである。マルクスは「商品はまず第一に外的対象である。すなわちその属性によって人間のなんらかの種類の欲望を充足させる一つの物である」としている。そしてこの欲望の種類はどのようなものであろうと変わらないとしている。

そしてマルクスは、このような物を質と量の二つの視点から考察していく。一つの物はその有用性によって使用価値になる。この有用性は「空中に浮いているのではない」。パンであれば食欲を満たすという使用価値をもち、シャツであれば着るという使用価値を持つ。したがって「使用価値は使用または消費されることによってのみ実現される」のである。マルクスはこの使用価値について「富の社会的形態如何にかかわらず富の素材的内容をなしている」とのべる。使用価値は、人の欲望を満たす物であることで、交換価値の担い手たりうる。

マルクスはこの「交換価値」なるモノの正体を暴いてゆく。かれは、物が交換されることを見ていると、それは確かに地域、時間、あるいはそのときの人の欲望等が関係して偶然的に生じてくる現象であるように見える点を以下のように小麦を例に説明する。ある量の小麦は、ある量の鉄やまたある量の靴墨、またはある量の絹で交換できるものであるが、これは逆さに観るとある量の鉄や靴墨、または絹はある量の小麦の交換価値を現している。このことからある量の靴墨とある量の鉄そしてまたある量の絹は小麦を介して「相互に等しい大きさの交換価値であるに相違ない」。つづけてマルクスはこのことから以下のように結論づける。「第一に同一商品に妥当なる交換価値は、一つの同一物を言い表している。だが、第二に、交換価値はそもそもただそれと区別されるべき内在物の表現方式、すなわち、その「現象形態」でありうるにすぎない」。

つまり「交換できるということ」の中に含まれている意味を具体的に探っていくのには、まず交換価値をその分析対象としていくことが大切である。この交換価値を分析していく方法がおもしろい。「われわれは二つの商品、例えば小麦と鉄をとろう。その交換関係がどうであれ、この関係はつねに一つの方程式に表すことができる。(2)」

その方程式とは

一クォーター小麦＝Aツェントネル鉄

である。この方程式の表すことは、この二つの物に同一の大きさのある共通の何かが存在するということである。前の物の交換価値は後の鉄であり、また後の鉄の価値は前の小麦である。しかしこれは第三のモノを置くとわかりやすくなる。「両つのものは一つの第三のものに等しい。この第三のものは、また、それ自身としては、前の二つのもののいずれでもない」。それは当然で、どちらかと「同じもの」であれば、「第三のもの」にはならない。この第三のものをどのように探るのか。マルクスの分析を聞きたい。この分析論理は資本論の中でもっとも明解で、また「マルクス主義の中核」として多くの人たちを魅了した方法であると思える。ただしこの箇所は資本論解説者の中でも理解が割れるところである。したがってマルクスの論理の後に筆者の理解を添えたい。

「共通なものは、商品の幾何学的、物理学的、科学的またはその他の自然的属性であることはできない。商品の形態的属性は、本来それ自身を有用にするかぎりにおいて、したがって使用価値にするかぎりにおいてのみ、問題になるのである。しかし他方において、商品の交換関係をはっきりと特徴づけているものは、まさに商品の使用価値からの抽象である。この交換関係の内部においては、一つの使用価値は、他の各使用価値と、それが適当の割合にありさえすれば、ちょうど同じだけのものとなる……使用価値としては、商品は、なによりまず異なる質のものである。交換価値としては、商品はただ質量を異にするだけのものであって、したがって、一原子の使用価値をも含んでいない。いまもし商品体の使用価値を無視するとすれば、商品体に残る属性は、ただ一つ、労働生産物という属性だけである。だが、われわれにとっては、この労働生産物も、すでにわれわれの手の中で変化している。われわれがその使用価値から抽出するならば、われわれは労働生産物を使用価値たらしめる物体的な組成部分や形態からも抽出することになる。それはもはや机でも家でも撚糸でも、あるいはその他の有用な何物でもなくなっている。すべてその感覚的性質は解消している。それはもはや指物労働の生産物でも、建築労働や紡績労働や何か一定の生産的労働の生産物でもない。労働生産物の有用な性質とともにその中に表されている労働の有用な性質は消失する。したがってこれら労働の異なった具体的な形態も消失する。それらはもはや相互に区別されることなく、ことごとく同じ人間労働、抽象的に人間的な労働に整約される。われわれはいま労働生産物の残りをしらべてみよう。もはや、妖怪のような同一の対象性以外に、すなわち、無差別な人間労働の、言いかえればその支出形態を考慮することのない、人間労働力支出の、単なる膠状物というもの以外に、労働生産物から何物も残っていない。これらのものは、ただ、なおその生産に人間労働力が支出されており、人間労働が累積されているということを表しているだけである。これらの物は、お互いに共通な、この社会的実体の結晶として、価値—商品なのである。(3)」

「小麦」と「鉄」はそのもっている性質を人間が具体的に利用していくことで「小麦」は使用価値になり、「鉄」もまた同様である。小麦をパンにするか、ピザの原料にするのか、あるいは家畜の餌にするのかは、その「自然的属性」を活用した利用方法であり、人間はそのことで初めて小麦の使用価値を実際に実現していく。マルクスは「交換価値」を検討していく場合「商品の形態的属性は、本来それ自身を有用にするかぎりにおいて……問題」とするので、等式に記されている「小麦」と「鉄」という相異なる「自然的属性」は、等式そのものを成立させる要因としてはふくみ込まないとする。では何が問題なのかというと、それはただ「量」であるという。「一クォーターの小麦＝Aツェントネルの鉄」という方程式は「量」の関係を意味しているのである。したがってこの量関係を考察していくためには、この方程式に示された「質」の部分を捨象していくことが必要である。マルクスは「形態的属性」をすべて落としていくという方法で二つのモノに共通する「性質」を引用した内容のように、この方程式に読み込んできた。この方程式を成立させる要因を「ことごとく同じ人間労働、抽象的に人間的な労働」であると指摘している。

ただここで注意しておかなければならないのは、「労働」とせず、「人間労働」あるいは「抽象的に人間的な」という形容詞を「労働」につけている点である。マルクス労働概念については膨大な研究がある。しかしそれを紹介するだけの能力と蓄積が筆者にはないので、ここでは『資本論』に記された部分を紹介して省察したい。マルクスは『資本論』のいくつかの個所で人間労働について書いているが、中でもマルクスの「人間労働」を端的に記している個所が、「第三編　絶対的剰余価値の生産」の「第五章　第一節　労働過程」である。

「労働とはまず第一に、人間と自然とのあいだの一過程である。すなわち、人間がその自然との物質代謝を、彼自身の行為によって媒介し、規制し、調整する過程である。人間は、自然素材そのものにたいして、一つの自然力として相対する。彼は、自然素材を、彼自身の生活のために使用しうる形態において獲得するために、彼のもっている自然力、すなわち腕や脚、頭や手を動かす。この運動により、彼自身の自然のうちに眠っている潜在能力を発現させ、その諸力の活動を、彼自身の統御に服させる。……われわれは、労働が人間にのみ属する場合の形態における労働を想定する。蜘蛛は織匠のそれに似た作業をなし、ミツバチはその蠟房の構造によって多くの人間の建築師を顔色なからしめる。しかし、最悪の建築師でも、もとより最良の蜜蜂にまさるわけは、建築士が蜜房を蠟で築く前に、すでに頭の中にそれを築いているということである。労働過程の終わりには、その始めにすでに観念的に存在していた結果が、出てくるのである。彼は自然なもののうちに、同時に、彼の目的を実現するのである。(4)」

マルクスはこのように「人間の労働」に人間自身が有する「目的意識的活動」を読み込む。マルクスは人間の本質を「社会的存在」であると同時に「目的意識的存在」として『経済学・哲学草稿』の「疎外された人間」の中で記しているが、ここでは人間の「労働」を規定する基本機軸を、「蜘蛛」と「大工」の労働を区別する基軸として描く。マルクスが人間の「労働過程の終わり」について「彼は自然なものの形態変化のみを引き起こすのではない。同時に、彼の目的を実現するのである。」と述べるのは、その活動が「生きている人間活動」の生産物への転化を意味していると取ることができよう。このように取ると先の方程式「一クォーターの小麦＝Aツェントネルの鉄」は「人間労働」の平等性を読み解く可能性を持つ。人間社会において「交換が可能」であるというお互いの人間同士の認識は、「お互いの人間が平等である」との観念をある程度相互に理解しないと成立しない。またこの行為を通してこそ「お互いが平等である」という認識を深めていけるのである。したがってこの方程式は、『資本論』にあってはマルクスの論理形成に必要な例示であるが、現実の歴史にあっては闘争と略奪の歴史でもある。

マルクスの『資本論』においてはこの方程式は、商品の価値を読み解く「導きの糸」として検討されているので、マルクスにもう少し付き合っていきたい。この方程式からどのように「貨幣」が導かれるのかまでマルクスに依拠して考えていきたく思う。それは「近代社会における平等の生成原理と差別」を考える上でどうしてもこの方程式が必要であると考えるからである。マルクスは「価値形態」を以下の四形態に分類し、その特色を説明しつつ貨幣形態が生誕していく論理を解き明かしていくのである。資本論「第一章第三節」の理解から始めたい。

この節は、第一項が「単純な、個別的なまたは偶然的な価値形態」であり、第二項が「総体的、または拡大せる価値形態」であり、第三項が「一般的価値形態」であり、最後が「貨幣形態」となる。『資本論』

のなかでこの叙述がもっとも難解であるといわれているし、マルクス自身も「はじめに」で記している。しかしこの価値形態を紹介しないと、なぜ経済的な諸関係が「差別問題」と関係してくるのか理解しがたくなるので、やや独断的な解説となることは承知で、マルクスの価値論を逐ってみたい。

2　マルクス価値論の検討

方程式「一クォーターの小麦＝Aツェントネルの鉄」が成立するのはどちらも「無差別的な人間労働の生産物」であるという属性をもつからであるという。両辺に含まれている「抽象的な人間労働の量」が等しいからこの方程式は成立する。この「抽象的で人間的な労働」が交換の方程を成り立たせるということは、この両者が等しい「価値」をもっていることになる。これはすでにマルクスの引用でも述べられているが、この価値をどのように表すのか。この方程式から確かに第三のものに等しいということは理解できる。だが価値自身をどのように見いだすのか。言い換えると、「一クォーターの小麦」あるいは「Xクォーターの小麦」の価値をどのように表すのか。

マルクスの論では以下のようになると理解できる。小麦＝鉄として表されるということは、小麦の「等価物」として、あるいは小麦と「交換されえるもの」としての「鉄」に「関係させられることによって」、小麦の価値は表現されえる。この関係においてのみ鉄は小麦の同一物である。この関係式の中で小麦はそれ自身に価値があることがわかる。というのは、（マルクスの論理で言うと）価値としてのみの「小麦」は、「等価物としての、あるいは自分と交換されうるものとして」の「鉄」に関係するからである。「Cというモノの価値」が「Rというモノ」との価値関係のなかで表現される。マルクスはこのことについて上着と亜麻布との関係を例にして、以下のように述べる。

「上着が価値物としての亜麻布に等しいとされることによって、上着にひそんでいる労働は、亜麻布にひそんでいる労働に等しいとされる。さて上着を縫う裁縫は、亜麻布を織る機織とは種類のちがった具体的な労働であるが、しかしながら、機織に等しいと置かれているということは、裁縫を、実際に両労働にあって現実に同一なるものに、すなわち両労働に共通な人間労働という性格に、整約するのである。この迂路を通って初めてこういわれるのである、機織も、価値を織りこむかぎり、裁縫にたいしてなんら識別徴表をもっていない、すなわち、抽象的に人間的な労働であるであるというのである。ただおのおのがちがった商品にひそんでいる異種労働を、実際にそれらに共通するものに、すなわち、人間労働一般に整約して、価値形成労働に特殊性を現出させる。だが亜麻布の価値をなしている労働の特殊な性質を表現するだけでは、充分でない。流動状態にある人間労働力、すなわち、人間労働は、価値を形成するのではあるが、価値ではない。それは凝結した状態で、すなわち、対象的な形態で価値となる。人間労働に凝結物としての亜麻布価値を表現するためには、それは、亜麻布自身とは物的に相違しているが、同時に他の商品と共通に亜麻布にも存する「対象性」として表現されねばならぬ(5)」。

続けてマルクスは、上着の生産は、裁縫労働によってなされるが、それは人間労働の支出であり、上着の中に人間労働が「堆積されている」ので、「上着は「価値の保存者である」し、亜麻生は上着と等しいと置かれることで、上着は亜麻生の価値を自分の中に「堆積されている」人間労働によって表現するのであると分析する。これを「ある量の小麦」＝「ある量の鉄」という方程式で確認してみたい。(「ある量」

については後に解析していくのでここでは省略する。）「鉄」を生産するためには製鉄労働が行われる。これはこの過程で人間労働が支出されているために、「鉄」は、自然的属性を有していながら同時に労働によって加工されたことにより「人間労働の集積体」になる。つまり自然界に自然な状態で存在していた鉄が人間の手が加わることによって価値物になるのである。それは人間労働の集積体であると同時に自らもとの自然体にもどることのできない限り、その「価値」を保存し続ける。「小麦」はその「鉄」と交換できるということ、つまり「鉄」と等しいと置かれることで「小麦」の持つ価値が「鉄」によって表現されることになるのである。実際には「小麦の価値」を表現するものが「鉄」である以上、この関係においては、「鉄の持つ属性」言い換えると使用価値により表現され得るというのである。

「一商品の価値は他の商品の使用価値で表現される」とマルクスは述べる。そしてマルクスはこの関係を「価値関係を通して、商品Ｂの自然形態は、商品Ａの価値形態となる。あるいは商品Ｂの肉体は、商品Ａの価値を映し出す鏡となる。商品Ａが商品Ｂを価値体として、すなわち、人間労働の具現化する物として、これに関係することにより、商品Ａは、使用価値Ｂを、それ自身の価値表現の材料とするのである。商品Ａの価値は、このように商品Ｂの使用価値に表現されて、相対的価値の形態を得るのである」という。

この文章の商品Ａを自動車、商品Ｂを毛皮のコートに置き換えて見ると、「自動車が毛皮のコートを価値体として、すなわち、人間労働の具現化する物として、これに関係することにより、自動車は、毛皮のコートの使用価値を自動車そのものの価値表現の材料としていくのである。自動車の価値は、このように毛皮のコートの使用価値に表現されることで相対的価値の形態を得ることになる」となるのである。この論理はかなり恐ろしい強制力を商品経済を中心とした社会の中で生きる人間に与えることになる。だが、ここでは貨幣が誕生するまでの論理を簡単につかむことを優先するために、後に具体的にふれたい。

つづいてマルクスは相対的価値形態の量的規定性についてふれていく。先ほども示したように「亜麻布二〇エレ＝上着一着」ということは「両製品は……同じだけの労働が加えられている、または同一の大きさの労働時間がかけられていることを前提とする」。亜麻布二〇エレまたは上着一着の生産に係る労働時間は変化をする。この方程式の量的比率は、例えば亜麻布二〇エレの生産にかかる労働時間が二倍になり上着一着の生産時間が変わらなければ、「亜麻布二〇エレ＝上着二枚」となり、また上着一着の生産に必要な労働が二倍にならば「亜麻布二〇エレ＝上着一／二着」となる。そして両者の生産時間が変化したとしてもその比率で方程式は書き直すことができるため、相対的価値形態は、両者の生産時間の変化が両辺の比率の変化として反映するために、その意味を失うことがないということを指摘している。

さらにマルクスはこの方程式の中で亜麻布にたいして上着のもつ役割の考察に移る。「亜麻布二〇エレ＝上着一着」「亜麻布二〇エレ」は「上着一着」と等値されることで相対的価値の形態を得る。上着はこの方程式で何を意味するのか。それは、前者が後者に「等価の形態」を押しつけることを意味する。「商品A（亜麻布）がその価値を異質の商品B（上着）という使用価値に表現することによって、Aなる商品は、Bなる商品自身にたいして独特な価値形態、すなわち等価の形態を押しつけるということである。亜麻布商品は、……自分にたいして上着が、その肉体形態とことなった価値形態をとることなくして等しいものとおかれることである。このようにして亜麻布は自分自身が価値であることを、実際には上着が直接に自分と交換しうるものであるということをつうじて、表現するのである。一商品の等価形態は、それゆえに、この商品の他の商品にたいする直接的な交換可能性の形態である。(6)」とマルクスは述べる。そして等価形態の特徴について以下のように指摘していく。まず第一が「使用価値がその反対物の現象形態すなわち、価値の現象形態となる」ことであり、第二の特徴は、「具体的労働がその反対物、すなわち抽象的で人間的な労働の現象形態」となることである。そして最後の第三の特徴であるが少し難しい。そこで、第一と第二の特色を言い換えてまとめてみたい。例えば一個のパン＝一組の靴としよう。パンは靴に等しいと関係することで、その価値を靴の使用価値で表現する。パンを作るのに支出された抽象的な人間労働が、靴の制作のために「投入された労働」に等しいということを意味しているが、そのパンの中に含まれる「価値」を靴の使用価値で表現するということは、その使用価値を生産する具体的労働に等しいということになる。これが具体的労働が抽象的で人間的な労働の「現象形態」ということであろう。ここから等価形態の最後の特色をマルクスは導く。具体的な労働というのは個人が行うという意味において「私的な労働」であるにもかかわらず、同時に抽象的で人間的な労働の「現象形態」となることで、「社会的な労働」という性格を押しつけられることになるという。

「機織が機械として具体的な形態においてではなく、人間労働としてその一般的な属性において、亜麻布価値を形成するということを表現するために、機織にたいして、裁縫が、すなわち、亜麻布等価物を作り出す具体的労働が、抽象的に人間的な労働の掴むべき実現形態として、対置されるのである。……この具体的労働、すなわち裁縫は、無差別な人間労働の単なる表現として働くことによって、他の労働、すなわち、亜麻布にひそんでる労働と統一性の形態をもち、したがって、他の一切の商品生産労働と同じように私的労働ではあるが、しかし直接に社会的な形態における労働である。まさにこのために、この労働は、直接に他の商品と交換しうる一つの生産物に表されている。(7)」これが等価形態の第三の性質である。ややわかりやすくずすと、裁縫という労働が、無差別な人間労働の現象形態として扱われることによって、その具体的な裁縫労働は、私的な労働ではありつつも、本質的には社会的労働となるということを意味しているのである。

ここで簡単にマルクスの言う「単純な個別的なまたは偶発的な価値形態」のまとめをしておきたい。「A量の絹＝B着の衣服」という価値形態がその具体例であるとすると、絹は相対的価値形態として自らを表現することは、衣服に等価形態を押しつける。絹と衣服という人間労働の生産物が、商品としてこの関係におかれることで、衣服の労働が社会的労働としての性格を持つことになる。そしてこの等式は、絹はその使用価値を示し、衣服は絹の「価値」を自らの姿で表現している。このことは、絹という商品を生産する労働に含まれる二つの特色を表現している。それは「絹を織る労働」と同時に「抽象的な人間の労働」とであるということである。「自らの利用を目的とし生産した絹」は、同時に「交換を目的として生産した絹」にはなることができない。絹と衣服がある量比率で交換されていくときこの矛盾は表出するのである。マルクスはこの点を以下のように述べる。

「商品Bにたいする価値関係に含まれている商品Aの価値表現を、くわしく考察すると、その内部において、商品Aの自然形態は、ただ使用価値の姿としてのみはたらいていることが明らかになった。

それゆえに、商品のなかに包みこまれている使用価値と価値の内的対立は、一つの外的対立によって、すなわち、二つの商品の関係によって示されている。この関係において、価値が表現されるべき一方の商品は、直接にただ使用価値としてのみ、これにたいして身をもって価値を表現する他方の商品は直接にただ価値としてのみ、働いている。それゆえに、ある商品の単純な価値形態は、その商品に含まれている使用価値と価値との対立の単純な現象形態である。(8)」

「労働生産物は、どんな社会状態においても使用対象である。しかし、ただある歴史的に規定された発展段階のみが、一つの使用物の生産に支出された労働を、そのものの「対象的」属性として、すなわち、その価値として表すのであってこの発展段階が、労働生産物を商品に転嫁するのである。したがって、このことから、商品の単純なる価値形態は、労働生産物の単純なる商品形態であり、したがってまた、商品形態の発展も価値形態の発展と一致するという結果になる。(9)」以上のようにマルクスは商品形態と価値形態との発展関係を述べたうえで価値形態の分析へとすすむ。

資本論では「単純な個別的なまたは偶発的な価値形態」から進んで「相対的または拡大せる価値形態」へと分析を進める。それはたとえば単純な価値形態である次の公式から始める。

A個のパン＝Bキロ砂糖
　　　　　＝N着のシャツ
　　　　　＝C個のラジオ
　　　　　＝M足の靴
　　　　　＝Dグラムのお茶
　　　　　　　等々

「A個のパン」の「価値」が「Bキロの砂糖」や「N着のシャツ」または「C個のラジオ」、ないしは「Dグラムのお茶」などで表現されている。つまり「A個のパン」の持つ「価値」はある一定量の「砂糖」や「シャツ」等の使用価値として表現されていることがわかる。これはマルクスが解説した「単純な個別的価値形態」がそのおのおのの場合に拡大されてきたときに成立していく方程式である。しかし、この価値の方程式はある欠落を持つという。それは、上辺があるときは「パン」であるが、またあるときは「お茶」かもしれないし「鉄」かもしれない。または「上着」かもしれないのである。つまり、そのたびごとにそのものの価値を表現する方法が、上辺に下辺より「排除」されたときに可能となるため、統一した価値表現の形態をとれないのである。（『資本論』ではこの方程式の「パン」が「亜麻布」として検討されている。）マルクスはこのあり方を以下のように述べる。「実際上、一人の男がその亜麻布を多くの他の商品と交換し、したがってその価値を、一連の他の商品のなかに表現するとすれば、必然的に多くの他の商品所有者もまた、その商品を亜麻布と交換し、したがって、彼らの種々の商品の価値を同一の第三の商品、すなわち、亜麻府で表現しなければならぬ。……すなわち、われわれが、実際にはすでに序列の中に含まれていた逆関係を表現するならば……」としている。

したがって先の等式はその上下を逆さにして考えると、次のようになる。

Bキロの砂糖＝A個のパン
N着のシャツ＝
C個のラジオ＝
M足の靴＝
Dグラムのお茶＝
等々

この方程式を読んでみると、「Bキロの砂糖」の価値を「A個のパン」で表すことになるし、「N着のシャツ」の価値をやはり「A個のパン」で表現している。砂糖、シャツやラジオ、靴およびお茶などが相対的価値形態から排除され、等価形態をとることによりそれら自らの価値をパンにより表現させていることがわかる。この形態についてマルクスは以下のように説明する。

「商品世界の一般的な相対的価値形態は、この世界から排除された等価商品である亜麻布（先の方程式では「パン」以下同様――相庭）に、一般的等価の性質をおしつける。亜麻布（パン）自身の自然形態は、この世界の共通な価値態容であり、したがって、亜麻布（パン）は他のすべての商品と交換可能である。この物体形態は一切の人間労働の目に見える化身として、一般的な社会的蛹化としてのはたらきをなす。機織（先の場合だと「パン作り」）という亜麻布（パン）を生産する私的労働は、同時に一般的に社会的形態、すなわち、他のすべての労働との統一性の形態にあるのである。一般的価値形態を成立させる無数の方程式は、順次に亜麻布（パン）に実現されている労働を、他の商品に含まれているあらゆる労働に対して等しいと置く。そしてこのことによって、機織（パン作り）を人間労働そのものの一般的な現象形態にするのである。このようにして、商品価値に対象化されている労働は、現実的労働のすべての具体的形態と有用なる属性とから抽象された労働として、単に否定的に表示されるだけではない。それ自身の肯定的性質が明確に表れるのである。それは、すべての現実的労働を、これに共通なる人間労働の性質に、人間労働の支出に、約元したものなのである。労働生産物を、無差別な人間労働の単なる凝結物として表示する一般価値形態は、それ自身の組み立てによって、それが商品世界の社会的表現であるということを示すのである。このようにして、一般的価値形態は、この世界の内部で労働の一般的で人間的性格が、その特殊的に社会的な性格を形成しているのを啓示していているのである。(10)」

やや引用が長くなったので、解釈を示したい。ここでは先述した方程式から説明していくために「亜麻布」ではなく「パン」としたい。「砂糖」や「シャツ」、「靴」等がパンと一定の割合で交換されていくと砂糖とシャツ、シャツと靴の交換においてもその量的基準はパンに戻される。つまり砂糖一キロがパン二〇個でシャツ一着がパン四〇個だから二キロの砂糖＝一着のシャツとされるのである。しかし「パン」が演じている役割の意味するところは、「パン作り」という具体的労働が実際に意味しているものでもある。それは方程式に表されてきた物は人間労働の生産物であり、それは労働の結果そのものでもある。マルクスの言葉では「労働力の結晶体」となろう。そうなればここで演じている「パン」の量的基準は、そのまま「パン作り」という労働が演じている役割でもある。言い換えると「砂糖一キロの価値」＝「パン二〇個を作る労働」であり、「シャツ一枚の価値」＝「パン四〇個を作る労働」であるために「砂糖二キロの価値」と「シャツ一枚」は等しいとなる。そうなると「パンを作る」という個別具体的な私的労働が、この関係の中に入るやいなや社会的な形態を持つことになる。先述した方程式群は、「パンを作るという労働」が、一つ一つの方程式では靴もお茶もパンとの関係において価値をあらわしていたが、その群の中で「パンが一つの基本」に取り上げられると「その労働それ自身」が社会性を帯び、抽象的人間労働としての役割を引き受けることになっていくのである。

この延長線上で「パン」が演じた役割を「銀」または「金」が演じたらどのようになるだろうか。先の方程式の意味するところは、「砂糖」や「シャツ」、「靴」などは「金」または「銀」によって表現されうる。

それはその量によってであり、その進化した形態こそ「貨幣形態」となっていくのである。それは方程式としては以下のようになる。

Ｂキロ砂糖　＝　Ａグラムの金（貨幣）
Ｎ着のシャツ＝
Ｃ個のラジオ＝
Ｍ足の靴　＝
Ｄグラムのお茶＝
　　　　等々

以上のように、金または銀がすべての商品の相対的価値形態として排除されたとき、金または銀は貨幣としてすべての商品に相対する。つまり、「人間の具体的労働は、貨幣の完成形態においては、すべて「抽象的な人間労働」に集結される。しかし、このことによって「人間は平等」であることがこの関係の中で認められることにもなるのである。

3　交換行為により形成される人間関係

以上マルクスの資本論に大きく依拠し、貨幣誕生に至るまで商品の交換を基軸に見てきたのであるが、今度は商品の価値論理ではなく、その商品を人間が交換するときにどのような関係が生じてくるのかを考えたい。マルクスの『資本論』では、人間の人格や感情は論じていない。例えば「鉄と布」の交換を人の欲望からは説明していない。もちろん価値実態を検証していく作業ではその必要もない。マルクスは、交換を経済活動の前提におくアダム・スミスの「人は交換を本能とする動物である」という理解を踏襲していると考えられる。ここでは、この「交換」が当事者に何を及ぼすのかから見ていきたい。

前章の繰り返しになるが、マルクスの単純な価値形態の公式において、そこに具体的な人間に登場してもらって考えてみたい。「靴を持っているA君」と「シャツを持っているBさん」を仮定しよう。A君はBさんの持っているシャツを手に入れたいと考えたとき、どうしたらいいのか。それには二つの方法が考えられる。まず第一にはA君はBさんを殺戮するなりして略奪することである。それともう一つは「交換する」という方法である。A君が前者を取った場合、それは自分がかなりのリスクを背負うことになる。もしかすると、自分が殺されるかもしれない。後者はどのようになるだろうか。A君は「交換」を成立させるために、Bさんに「交換」に合意してもらわなければならない。その合意がとれなければ、交換が成立しない。したがってA君はBさんの欲望を認めなければならないことになる。言い換えると、A君はBさんの中に自分と同じ欲望を見いだすことで、初めて交換の成立する基本要因を発見する。

A君の持っている靴＝Bさんが持っているシャツ

という公式が成立する瞬間に、Aさんは自己の欲望を満足させるためにBさんにA君の持っている靴をほしがるという欲望を見いだすことになる。マルクスの分析にあっては欲望がどこから出てこようと交換価値には影響しないとなっているが、ここでは欲望を発見しなければ公式が成立しない。しかし、この公式が成立したと同時に当事者であるA君はBさんを自己と同じ欲望を持つ「人間として認める」ことになる。個々人同士の交換がその社会的保障の下に行われるというのではなく、歴史上はあくまでも偶発的に行われてきたと言える。「経済学の父」と言われているアダム・スミスはこの交換の発生を「人間の本能」

として理解していた。

この交換関係にはいることで、その相手が自分と同じ人間であるという認識を持つことは、交換という行為を行う中で発展していく性格のものであり、最初から相手が平等であるという概念があったわけではない。マルクスも『資本論』の中で、「人間が平等である」という概念と、「交換」という行為が成立する内実としての抽象的人間労働概念の発見との関係についてかなりはっきりと述べている。やや長くなるが該当箇所を引用したい。

「商品の貨幣形態が、単なる価値形態、すなわち、なんらか任意の他の商品における一商品の価値の表現のさらに発展した姿にすぎないことを、アリストテレスは最初にこう言明している。……（中略）……。

「しとね五個＝家一軒」ということは「しとね五個＝貨幣一定額」ということと「少しも区別はない」と。彼はさらにこういうことを看取している。この価値表現をひそませている価値関係は、それ自身として、家がしとねに質的に等しいとおかれていることと、これらの感覚的にちがった物が、このような本質の等一性なくしては、通約しうる大きさとして相互に関係し得ないだろうということを、条件にしているというのである。彼はこう述べている、「交換は等一性なくしては在しえない。だが、等一性は通約し得るべき性質なくしては存しえない。」と。しかし彼はここで立ちどまって、価値形態を、それ以上分析することをやめている。「しかしながら、このように種類が違った物が通約できるということ」、すなわち質的に同一であるということは「真実には不可能である」。この等値は、物の真の性質に無関係なものでしかありえあない、したがって、ただ「実際的必要にたいする緊急措置」でしかないと。アリストテレスは、このようにして、どこで彼のそれ以上の分析が失敗しているかということについてすら、価値概念の欠如についてすら述べているわけである。等一なる物は何か？　すなわち、しとねの価値表現において、家がしとねに対していいあらわしている共通の実態は何か？　そんなものは「真実には存在しえない」と、アリストテレスは述べている。なぜか？　家が、しとねと家という二つの物で現実に同一なる物をいいあらわしているかぎりにおいて。――そしてこれが人間労働なのである。

しかしながら、商品価値の形態においては、すべての労働が等一なる人間労働として、したがって等一的に作用しているものとして表現されているということを、アリストテレスは、価値形態自身から読み取ることができなかった。というのは、ギリシア社会は奴隷労働にもとづいており、したがって、人間とその労働力の不平等を自然的基礎としていたのであるからである。価値表現の秘密、すなわち一切の労働が等しく、また等しいとおかれるということは、一切の労働が人間労働一般であるから、そしてまたそうあるかぎりにおいてのみ、言えることであって、だから、人間は等しいという概念が、すでに一つの強固な国民的成心となるようになって、はじめて解きうるべきものとなるのである。しかしながら、このことは、商品形態が労働生産物の一般形態であり、したがってまた商品所有者としての人間相互の関係が、支配的な社会的関係であるような社会になって、はじめて可能である。アリストテレスの天才は、まさに彼が商品の価値表現において、等一関係を発見していることに輝いている。ただ彼の生活していた社会の歴史的限界が、妨げになって、いったい「真実には」等一関係は、どこにあるのかを見いだせなかったのである。(11)」

マルクスはアリストテレスの発見を評価しつつも、彼の限界を克服していくためには、「人間は等しいという概念が、……強固な国民的成心となる」ためには、「商品形態が労働生産物の一般形態であり、」「商品所有者としての人間相互の関係が、支配的な社会関係であるような社会」になっていくことが重要であると指摘している。この点を先のA君とBさんのケースに照らして見ていくと、たとえば、この二人の交換はただ偶然に成立してきたかもしれない。他に人がいたとしてもその人々が、交換ではなく「略奪」や他者を支配して被支配者の生産物を収奪していたら、A君とBさんの交換関係は「偶発的」であり、その量的関係や交換可能性は、その場に於ける「実際的必要に於ける緊急措置」としてみることができよう。他の多くの人々が交換をしているわけでもなく、この二人だけが交換関係を取り結んだとしても、それは偶発的例外的関係となろう。この関係がどのように広げられていくのか。この関係を支えている基礎的要因からどの様にこの交換関係は広がっていくのか。この点を少し考えてみたい。

今度はA君とBさんの他にCさんに登場をしてもらうことにしよう。A君は「靴」を持っていました。Bさんは「シャツ」を持っていました。そしてCさんは「自転車」を持っていました。この三者の例で考えてみたい。A君はBさんのシャツを自分のものにするためにBさんに自分の持っている靴をほしがってもらうことで、交換関係に入ることができ、A君はシャツを手に入れることができた。しかし、その行為はA君はBさんを自分と同じ欲望を持つ人間として認めることをしなければならなかった。今度はA君はCさんの持っている自転車が気に入ったとしよう。A君はBさんの時と同様の問題に立ち向かう。つまり、「交換」するか「奪い取る」かである。

「交換をした」という経験のあるA君は、Cさんを交換関係の中に引き込むことを選択した方がリスクが少ない事を既に知っているので、したがってCさんにA君は自分の持っている靴を欲しがってもらうことで、自転車を手にすることになる。だがこの行為もまたA君はBさんの場合と同様にCさんを自分と同じ人間として認めていく行為でもある。これは、4人目に「机」を持っているD君が現れても、5人目に「コーヒー」を持っているEさんが現れても同様なことが生じる。ものを欲しがるA君の欲望は、また広がり、Dくんの「机」、Eさんの「コーヒー」と交換の対象は広がっていくことになる。そうなるとA君は「自転車」、「机」そして「コーヒー」を手に入れるために、それを持っている人にA君の「靴」を欲しがってもらわなければならない。A君は自分の欲望を満たしていくためにみんなの欲望をつくり、交換しなければならず、同時にみんなを自分と同じ欲望を持つ人間として認めなければならない。このことはBさんにも同様な事態をもたらす。A君との交換関係を経験したBさんは、今度は自分がCさんの持っている「自転車」がほしければ、Cさんに自分の持っている「シャツ」を欲しがってもらわなければならない。またD君の持っている「机」に対しても同様である。このようになるとBさんもA君同様自分の持っている「シャツ」を欲しがってもらわなければならないことになるのである。Cさんについても、D君、Eさんについても同じことであろう。

お互いが「自己の欲望」を満たすために「他者の欲望」を認め、そのことで初めて交換関係は成立していくのだが、それがそこに関係した人間同士を「理念」ではなく「行為」を通して平等な関係として相対させることになる。だがこのことはこれだけではない。先述したマルクス価値論の場合は、さまざまな相対的価値形態に当たる商品は一つの等価形態として特定の商品を排除する。排除された商品は、「いっさいの人間労働の目に見える化身」となるわけであるが、「等価形態として排除される」ということである。

Ａ君たちの例ではまだ誰の持っているものも排除されていない。Ａ君たちの交換関係をもう少し追って見よう。お互いが靴とシャツ、机と靴、コーヒーと靴等の交換を繰り返す中でその量的基準ができあがってくる。靴一足とシャツ二枚、靴一足と机二つだからシャツ一枚と机一つという具合にである。ある程度の交換基準が完成していくことは、交換にしたがうという慣習なり、きまりなりが形作られることを意味している。やや大げさな言い方をすれば「経済的秩序」が形成されてくる事になる。靴を基準に他のものが交換されるとすれば、靴は等価形態として他のものに相対してくる。それはもし靴をＡ君が生産しているとすれば、Ａ君の労働は、彼の意志とは関係なく社会的労働となりこの関係の中では一つの秩序の基準として扱われる。Ａ君はＢさんたちがもっている物を交換により獲得するために靴を作るのであるが、その靴が外の人たちが交換する基準として機能している限りＡ君の労働は社会的労働として機能している。この関係が崩されることなく機能していくことが、この関係の中に入った人の欲望を満たすことであり、それは、外部から規律を持ち込まれる秩序関係では決してなく、自分たちで「納得して」維持していく秩序意識を形成する力となっていくのである。自由でありながら同時に秩序にしたがっていく意識を形成する原理が、マルクス価値論を援用すると以下のように見える。

つまりここでの原理は、個々人の欲望を満たすことにより維持される交換という関係が基礎となっており、それに参加している個々人がそれを守ることで維持されていくものなのである。したがってその原理は、「人間が平等である」との認識を共有化しなければならない。なぜなら不平等であるなら交換は成立し得ない。Ａ君がもしＢさんたちより社会的に「身分」が高ければ、言い換えると不平等ならば、交換という手段をとらなくても自らの欲望を満たす方法はある。だから「人間が平等である」ということが、交換と社会的に宣言されることで初めて交換関係は全社会的規模で安全に行われうることになるのである。と同時に「人間の平等」を宣言するためには「この交換」が広く発展していくことが必要不可欠なのだと考えられる。

このA君たちの関係の中で「靴」が「金」に変化していけば、金を獲得していくことがこれらすべてのものを獲得することの代替えとなる現象となる。いいかえると個別の欲望が金への欲望へと転化することで、他の欲望充足の保全となることが起きる。金を中心としての交換関係を取り結ぶことは、その社会の秩序を守ることである。それは同時にその社会での「平等」を認知することでもあるのである。「神の前での平等」は、この関係の中においては「金の前での平等」に置き換えられうるのである。

4 「夕鶴」を読む──貨幣により人はどう変わるのか──

以上マルクス価値論を手がかりに、交換関係こそ人間を「平等」にしていく原動力であるかのように検討してきた。次に、この関係が作り出すもう一つの側面に光を当ててみたい。それは、「平等の関係」を生産するときにそれまでの関係をどのように変えるのかという点である。ここでは有名な童話「夕鶴」を素材にして人間関係の変化を交換を基軸として読んでいきたい。『夕鶴』という作品は、「鶴の恩返し」あるいは「鶴女房」という新潟県佐渡ヶ島で語り伝えられた童話を木下順二がふくらます形で作品にしたものである。

この物語の登場人物は、つう、与ひょう、それに運ずと惣どの四人、あと子どもたちである。物語の大まかな流れは、次の通りである。働くことしか知らない一人の青年がある日、矢の刺さった鶴を発見する。

そしてその鶴に刺さった矢をぬいてやり、逃がしてやったのだが、その夜、その鶴が「美しい女性」に変装して、青年の家にやってきてそのまま彼の女房になってしまう。かの女は、自分が青年を「好き」である証拠に「鶴の羽の反物」をおってあげることにする。その反物が「市」で「売れることを」発見した青年「与ひょう」は、より多くの反物を彼女に求めていくことになる。「市」で売ることを教えたのが、運ずと惣どの二人であった。木下作品はここから始まっている。

子どもたちと遊んでいる与ひょうのもとに、「鶴女房」であるつうが帰ってくる。与ひょうは夕食の支度をしなければと急ぐつうを子どもたちの仲間に誘い、遊び始めてしまう。そこに惣どと運ずが現れ、与ひょうの生活について話を始めるのである。以下作品にそくして少しその話の展開を追ってみよう。物語は会話調で進んでいく。

「惣ど　あれか？　あの女が与ひょうの女房か？
運ず　そうだ。与ひょうの奴、急にええ女房を貰うて仕合わせな奴だ。近頃はろばたで寝てばかりおるわ。
惣ど　ばかはばかなりに、昔は大した働き者だったがのう、どうしてあげなばかのところへ、あげなええ女房がきたもんだ。
運ず　いつどこからともなくきよったが……
お蔭で与ひょうは懐ろ手で大金儲けだ。
惣ど　おい運ず、そら嘘じゃあるめいな、その布の話。
運ず　ああほんまだ。町へ持っていけば、いつも十両に売れるわ。

惣ど　ふうん。その布をあの女房が織るちゅうだな？
運ず　そうだ。ただな、あの女房、決して織っとるところを見ちゃならんちゅうて機屋《はたや》にいるげな。そこで与ひょうがまた正直にのぞきもせんと寝てしまうと、あくる朝はちゃんと織り上っとるちゅこったわ。何せおめえ、美しい布だで。
惣ど　鶴の千羽織り——ちゅうだな？
運ず　町の人がそういうだ。天竺《てんじゅく》まで行かな見られん珍しい布だとよ。
惣ど　運ず、われ、間にはいってえらいとこ儲けをしとるんだろう。
運ず　えへへ、えらいとこっちゅう程でもねえでよ。
惣ど　この野郎、けどな、もしそれがほんなもんの千羽織りなら、とても五十両や百両の騒ぎではねえだぞ。
運ず　あれ、そうかね？　どだい何だね？　鶴の千羽織りっちゅうは。
惣ど　それはな、生きとる鶴の羽を千本抜いて織り上げた織物だ。」
二人はそうこう話しているうちに、つうの織る部屋をのぞいてみることになった。そこには機織り機がおいてあり、鶴の羽が落ちていたのである。その羽に二人が驚いているところへつうが入ってくる。あわてた惣どと運ずはその場を取り繕うとして弁明をするが、会話にならないのである。
「運ず　わっ。
惣ど　あっ、こ、こら、留守の間《ま》に上がり込んで……
つう　……？（鳥のように首をかしげていぶかしげに二人を見まもる）

運ず　へい、おらはその、向こうの村の運ずっちゅもんで、あの布のことではいつもどうも与ひょうどんに……

つう　……？

惣ど　そんで、なあかみさんよ。実はその、布の話をこやつから聞いて……おらも向こうの村の惣どっちゅうもんだが、ちょっと話があってきたもんだ。……全体それは、こういっちゃ何だが、ほんなもんの千羽織りかね？

つう　……（ただいぶかしげに見ているが、ふと物音でも聞いたかのように、身をひるがえして奥に消える）(12)」

つうには惣どと運ずの言葉が理解できない。というよりも何をしているかも分からないのである。彼らは与ひょうと同じ言葉を話しているのに、その言葉がつうには何がなんだかわからない。つうの姿が消えたあと、惣どたちはつうは「人間ではない」のかもしれないとおびえる。「鶴や蛇がのう、ほれ、人間の女房になるっちゅう話がある」というように、二人はつうをおそれるのである。そこに与ひょうが戻ってきて、三人の話題はまた「布」の話に戻っていくのである。そして惣どと運ずは、与ひょうは「もう布はないでよ」「あれでおしまいだとつうがいうんだもん。」「布を織るたびにつうがぐっと痩せてるでよ」とことわろうとする。しかし、二人は「あの布を都さ持って行って売ったら」「何百両」にもなるとして与ひょうを説得した。そして最後は「ほう、何百両……」と与ひょうの心も動いていくのであった。

この三人の様子を見ていたつうは、「与ひょう、あたしの大事な与ひょう、あんたはどうしたの？　あんたはだんだんに変わって行く。何だか分からないけれど、あたしとは別な世界の人になって行ってしまう。あの、あたしには言葉も分からない人たち、いつかあたしを矢で射たような、あの恐ろしい人たちとおんなじになって行ってしまう。どうしたの？　あんたは。どうすればいいの？　あたしは。あたしは一体どうすればいいの？……あんたはあたしの命を助けてくれた。何のむくいも望まないで、ただあたしをかわいそうに思って矢を抜いてくれた。それがほんとうに嬉れしかったから、あたしはあんたのところにきたのよ。そしてあの布を織ってあげたら、あんたは子供のように喜んでくれた。だからあたしは苦しいのを我慢して何枚も何枚も織ってあげたのよ。それをあんたは、そのたびに「おかね」っていうものと取りかえてきたのね。それでもいいの、あたしは。あんたが、「おかね」が好きなのなら。だから、その好きな「おかね」がもうたくさんあるのだから、あとはあんたと二人きりで、この小さなうちの中で、静かに楽しく暮らしたいのよ。あんたはほかの人とは違う人。あたしの世界の人。だからこの広い野原のまん中で、そっと二人だけの世界を作って、畠を耕したり子供たちと遊んだりしながらいつまでも生きて行くつもりだあったのに……だのに何だか、あんたはあたしから離れて行く。だんだん遠くなって行く。どうしたらいいの？」(13)とつぶやくのであった。

一方与ひょうは、惣どと運ずにつうにいかにして布を織らせるかを教え込まれ、ついにつうにもう一度布を織るようにしむけられていく。与ひょうは、彼らから布をもって都に行けば多くのおかねが手にはいることを聞かされ、遂につうに布をねだることになるのであった。「布を織ってくれなければ、家を出て行く」というのが与ひょうの殺し文句であった。与ひょうは、「お金になる、都へいく」とそれまでの彼とは違ったかのようにつうに布をせがむのである。しかし、つうにはなぜ与ひょうがそこまで「おかね」を「ほしがる」のかがわからない。それどころかいままで理解できた彼の言葉すら聞き取れないのである。「おかね……おかね……どうしてそんなにほしいのかしら……」と疑問に思うつうに、与ひょうは「そら、金があれば、何でもええもんを買うだ」と答えるのであった。しかし、つうにはこの「買う」という意味が分からない。与ひょうは、しきりにつうを説得しようとするが、最後は語気を荒げて、「布を織れ。都さ行くだ。金儲けてくるだ」という。そして布を織らなければ「出て行く」とつうを脅すのである。そして、話し疲れた与ひょうはその場で横になってしまうのであった。与ひょうのね顔を見ながらつうは「これなんだわ。……みんなこれのためなんだわ。……おかね……おかね……あたしはただ美しい布を見てもらいたくて……それを見て喜んでくれるのが嬉しくて……ただそれだけのために身を細らせて織ってあげたのに……もう今は……ほかにあんたをひきとめる手だてはなくなってしまった。」(14)と一人つぶやきつつ布を織ることを承諾するのであった。

明くる日、つうは与ひょうに布を織ってもいいことを告げ、機織り部屋に入っていく。その前にその部屋を決してのぞいてはいけないと約束をして機を織り始めるのであるが、惣どと運ずがその部屋をのぞき、つうがいないこと、その上そこには一羽の鶴が自分の羽をぬいて機を織っていることを見てしまう。この話を聞いた与ひょうは、ついにつうとの約束をやぶってしまうのであった。二つの布を織りあげたつうは、一つは売らないで自分の手元にのこしておくように与ひょうに告げ、鶴のすがたになり与ひょうのもとを飛び去っていくのであった。

以上が物語の大まかな流れである。ここでこの物語で変化した人物とその原因を考えてみたい。まず変わらなかった人物は、惣ど、運ずのふたりである。これははっきりしている。つうと与ひょうはどうだろうか。つうの目から与ひょうを見てみよう。彼は矢で射かけられた鶴を助けた。このときの与ひょうは、つうを「矢で射た人」とは明らかに異なる人であった。しかし、布をつうから織って貰うころから与ひょうは変わり始めた。畑仕事にも行かなくなり、いろり端で寝ころんでいた。それだけではなく惣どたちとつきあいが始まると、与ひょうはますます変わっていく。つうは「あなたはだんだん変っていく」と言っているように、つうが望んだ世界の人間ではなくなっていくのである。

つうはどうであろうか。惣どや運ずから見たつうはすでに、「つる」であった。彼らの会話からもわかるように、「まるで鳥」のようで、「つるが人に化けて」いたものとして彼らはつうを見ていた。また彼らにとってはつうが「つる」であることの方が都合がよかった。というのは、つうが織る布がほんものの鶴の織物だという確信がとれるからである。彼らにとってつうが人であるか鶴であるかは、さして問題とはならない。ただ布の質の問題であったのである。本物の鶴の布を織ってくれるなら、つうが人間であろうとなかろうとあまり問題ではない。つまり彼らにとってつうは、人格をもった人ではなく、「布を作る道具」とでも言うべき存在であった。だから運ずたちにとっては、つうは最初から人の顔した鶴として映っていたと言える。このように見てみると、つうは最初から惣どと運ずにとっては「つる」であったわけで、布織りの現場をのぞかれたから鶴になったわけではない。また逆につうの側からすれば「惣どと運ずは、別の世界の人」であったから最初からつうとは違った人であったことはわかっていた。

このように考えると、変わったのは与ひょうただ一人ということになる。とすると何が与ひょうを変えたのかが次に問われなければならない。作品からは与ひょうは、まじめな性格の人であったことが読みとれる。つうにあうまでの与ひょうは、毎日畑に仕事にでていたが、つうが布を織るようになってからは、つうのいうこと聞いて、つうが布を織っている時は、約束を破ることなくいろりで寝ていた。布が「お金」になることを覚えるにつれて、与ひょうが変化していく。「都」に行けること、そこでは布を多くの金に換えることができることを知ると、つうと「同じ世界の人」ではなくなっていくのである。つうが「与ひょうが喜ぶ顔が見たくて」織った美しい布は最初は美しい布であるだけだったのに、お金と交換することで様々な可能性をおびるのである。与ひょうはその「お金」の機能に捕まっていくのである。それは同時につうとの世界が崩壊していくことでもあったといえる。つうが布を与ひょうに織ってあげたのは、与ひょうにお金をあげようとしたわけではない。おそらく与ひょうも最初は素直に喜んだであろう。しかし、それが違う機能を有してきたときに与ひょうとつうの関係が変化していくのである。与ひょうは、欲望をおぼえた。お金を通して何でも手にすることができるということをおぼえるということ、それが与ひょうとつうの間の大きな壁になっていくのであった。少しのお金より多くのお金。これが与ひょうにしてみると当たり前のことなのに、つうにとっては理解できないことであった。しかし、このことは、惣どにしても運ずにしても彼らの行動の規範であり、与ひょうにおいても同じようになっていったのである。

そのことによって、与ひょうはつうの世界とは別の世界の人になってしまった。最後に与ひょうがつうを見つけようとするが、それはかなわなかったのである。交換という行為が人間を平等にしていく規制力を持っていることについては前節でみてきたが、「夕鶴」においては、この力は、今度は逆につうと与ひょうのような人間観を壊してしまうものとして映る。この力も交換という行為延長線上にある貨幣によって生じるものであることは明らかである。抽象的に「人を平等」にしていく行為が、具体的人間同士においては必ずしも、平等な結果を生まない。与ひょうとつうの関係は、この一つの典型的例としてあつかうこともできるのである。そして、この変化は、決してもとにもどることがなく、次々と新たな「運ずたちの世界」を再生産していくことになる。

5　貨幣の魔力——今村仁司『貨幣とは何だろうか』を読む——

マルクスの交換理論から導かれた貨幣論と「夕鶴」の中に出てくる「お金」の持つ機能は人を平等にもするし、また逆に人間の感性をも変革していく。お金をこの両面側から取り上げて論じている社会科学者は比較的少ない。経済学でお金といえば交換手段として、教育学の場合は「消費者教育」の分野で論じられてはいるが、そこでの議論も効率的に貨幣をどう使うかの論理の域をでていない。このような中で近代思想史を研究している今村仁司の理論は、大変興味深い。特に『貨幣とは何だろうか』は新書本ではあるが、その水準は明らかに専門的研究書であると評価できる。この本を手がかりとして、「貨幣と資本主義システム」が作り出す人間観と秩序観に迫っていきたい。

今村の本のおもしろさは、「人間と動物の違いは何か」という問いから始まり、それは、人間が墓場とお金を持っていることであるとしていることである。「墳墓が動物には存在しないように、貨幣もまた動物には存在しない。動物にも人間と同じように交通関係（コミュニケーション）は存在するが、交通関係から貨幣を発生させることはない。墳墓と貨幣は人間に特有の何物かであるとすると、墓を成立させる条件と貨幣を成立させる条件は同じものであると想定していいだろう[15]」。

「墓」が存在するということは、死についての概念を持っていることであり、貨幣もまたこの死と表裏一体の存在であると今村は言う。「貨幣への視線を一新しないと、貨幣の本質に迫ることはできない。……死の観念は、一方では墓を作るように、他方で貨幣をつくる。貨幣のなかに墓あるいは死者の埋葬所を見るといえば、やや奇矯に聞こえもしよう。しかし、貨幣とはそういう種類の存在なのだ。貨幣の中には死の蓄積がある」。このやや難解な論理に続けて今村は「貨幣が交換の媒介者であることは、学問的にも日常意識においても、いわば常識であるが、なぜ貨幣が媒介者になるか、あるいはそもそもなぜ人間は関係をもつに際して媒介者なるものを必要とするのか、という問題はけっして自明ではないし、どうでもいいことではない」と言う。つづけて「墓が「この世」と「あの世」と媒介者であるのと類似の位置に貨幣は立っている。死者は中間存在であるがゆえに媒介者になり、その死者たちの共同体である墓場は、生ける人間たちの影の絆になる。死者の叫び声が「内的に」観じられるとき、いける人間の共同体はもとより一層結束することができる。これは儀礼の形をとった媒介者の例であるが、それは貨幣の論理と同一である。商品交換が可能になるには、元々異質な物体を等価関係に置き、それらを商品という独特の価値体に変形する必要があるが、それを可能にする媒介者が貨幣である」と今村は言う。貨幣をこのような媒介者と見る視点は、おそらく「貨幣」の研究者の中にあっては少数者だろう。いや今村一人かもしれない。その意味でこの今村論は最初の理解が難しい。

かれはマルセル・モースの贈与財についての研究を手がかりとして、「贈与財は、宗教、経済、政治、法のあらゆる領域と重なりつつ、同時にそれらすべてでもある」と言う。つづけて「贈与財は、人間関係を広げつつ同時に離れをとどめて結集させる。まさにその点に、贈与財が貨幣形式の原初の姿であることがわかる。そしてこの贈与財をじっくり眺めてみると、近代の経済学的事象から消失している貨幣形式の本来的姿に気づく。贈与財は死の観念を内在させるがゆえに、人間関係の媒介形式でありえた」とのべる(16)。

贈与財は死の観念を背負うことにより、贈与財となり得る。この説明は、宗教儀式における贈与の意味を簡潔に説明していると同時に、贈与財を介して共同体内の人間同士が結びつきを強化していくことをも説明している。今村は共同体的連帯性が、贈与財の中に存在し、それが一つの秩序紐帯となることを見ぬいていくのである。それは近代社会にあっては貨幣である。やや誤解を恐れずに言い換えると、贈与財を「死者」に捧げることの代償として、「生者の世界」の秩序を受け取る。贈与財は生者の世界と死者の世界とをつなぐ媒体であるが、このことは生者同士においても当てはまると今村は言う。かれは人間関係を取り結んでゆく基盤として、贈与財に投影された「死の観念」を共有していることをみるのである。このことで今村は貨幣を経済学的範疇から解放しようとしている。そして今村は貨幣を「関係の結晶化」としてとらえるジンメル『貨幣の哲学』の批判検討を行う。

「経験科学は機能を説明するが、意味は問わない。哲学は意味を問う。貨幣の哲学は、貨幣の「人間的意味」を問題にする。貨幣の経済学は、価値尺度などの経済的機能ばかりを説明するのだが、なぜ貨幣なるものが人間世界に存在するかを度外視する。経済学はそれでいいのだが、哲学はそうはいかない。貨幣が関係の「媒介形式」であるが、それがジンメルのいう「生の形式」であるのなら、その形式のよってきたゆえんを解明し、その意味を解釈しなくてはならない。まさにここにジンメルの『貨幣の哲学』の課題があるし、そこにこの書物の開拓的意義がある。……私は、ジンメルの『生の哲学』なるものにはこだわらない。そうではなくて彼が突きだした「問い」のみを引き受けてみたい。いいかえると、経済的事象としての貨幣を、人間的生活全体へと解放することである。[17]」

以上のように述べた後、今村はジンメル貨幣論の特色を概観する。「ジンメルの貨幣の哲学の原理的位置を占める概念は、距離化である」という。彼はジンメルの以下の引用からこの距離の概念を説明していく。「対象が主体的に直接的に接近しているかぎり、欲求の分化、出現の希少性、獲得の困難と抵抗が対象を押し離なさないかぎり、対象は主体にとっていわば欲求と享受であるが、まだ欲求と享受の対象ではない。……これが完成されるのは、距離を設定しつつ同時にこの距離を克服する対象が格別にこの目的のためにつくりだされることによってである。[18]」

このジンメルの距離化の概念は、抽象的なものではない。具体的には人と人、ものと人との相互関係を表すものである。今村はこのことを以下のように、「人と物、人と人の両面にわたる直接的な合一の状態に亀裂が入るとき、それがどんなにささやかなものであれ、そこには必ず距離化が生じる。そして距離が生じるときは、必ず距離を縮める力学が生じる。関係とはけっして抽象的な事態ではなくて、こうした具体的な動きである。このような直接性のひび割れは、日常生活のありふれた経験ではあるが、しかしそこに媒介という不可欠の関係も見えてくる。[19]」と彼は指摘している。

そして彼は続けて、「距離化があるからこそ、媒介形式が生まれる。なぜなら、媒介とは距離を防ぐ行為、あるいは一度は分離した当事者または物を再び結合することであり、結合という新たな事態によって以前には存在しなかった何事かを到来させるからである。再結合は、以前にあった物や人を再現するにとどまらない、いやむしろそれは別の出来事を再現させる。それは、たとえば、前にはなかった制度の形成である。」と指摘する。この媒介の形式が人と人との関係においては制度であり、モノと人との関係においては所有関係でもあるとみることができる。今村は以下の説明は、きわめてわかりやすくこの事を論じている。

「距離化はたんなる分離ではない。分離は距離化の一要素であるが、すべてではない。たとえば、人間が物と接触しているとしよう。それはいわば幼児が環境と一体になっている状態であり、人と物はひとつに包まれて、自然の一部になっている。何らかの原因でこの一体感が薄れて、距離化が生じるとき、ヒトは「人称的」な人間になり、モノは「所有物」になる。人と物は分離によりはじめて、所有者と所有物に変化し分離する。」

そして今村は、ジンメルの論理を援用すると制度とは、人間と人間との関係の結晶化であるとするのである。「距離化によってひとつの制度が生まれるということもできる。制度とはまずは、分離した物と人、人と人との関係を静止状態において結晶化させることである。その意味で、距離化とは関係の結晶化なのである。」

以上のようにジンメルの「距離化」という概念を解説した後に、今村はジンメル貨幣論の特色を以下のように描いている。

「ジンメルは貨幣を単にイデオロギー的に擁護したのではけっしてない。貨幣の人間的本質から貨幣の不可避性を語るのである。ここが彼の哲学の重要な功績である。人間が複数の他人とともに生きることを余儀なくされるのが宿命的な根源的事実であるなら、他人との相互交通もまた宿命的である。そのとき、物的財貨だけではなく精神的なものを含めてすべてのものが交換されるのは、これもまた宿命的であり、回避することはできない。したがって、交換の可能性の条件にして交換の結晶化である貨幣もまた、人間にとって宿命的であり不可欠である。ジンメルはこの事実をあますことなく証明した。」

「人間が社会的存在であること（他者とともに生きるほかはないこと）と、交換し貨幣を生み、また貨幣によって交換が複雑になること（制度化すること）は、同じことである。はしょっていえば、人間であることと、貨幣が存在することとは、同一の事柄である。人間が人間であるかぎり、必ず貨幣は発生し存続する。なぜなら人間の社会は交換の束であるから。その意味では、人間は、社会的存在としての人間は、「貨幣的存在」である[20]」

以上今村のジンメル論を見てきたが、ここには多くの興味深い指摘を見ることができる。まず一つは、貨幣とは「人間関係の結晶化」であるということ。また、人間存在が「貨幣的存在であるということ」である。今村の論理は、人間と動物を区別する上で「死の観念」の有無を問うことから始まる。同時に人間が社会を形成する動機を、ジンメルの貨幣論を手がかりに求めていく。その結論がこの「貨幣的存在」である。この点を先述したマルクス価値論から、やや独善的に読み解いてみたい。

まず貨幣の中に何が宿っているのかを問うことから始めたい。マルクス的にみるとすべての商品の一般的形態である貨幣は、価値の量的基準であると同時に、その価値に実現形態においては他の商品の使用価値を支配する。しかし貨幣が価値として存在するためには、それを獲得するための人間的活動が必要である。自己の所有しているモノを貨幣に交換することで、人は貨幣を手に入れることが出来る。先述した「夕鶴」の与ひょうが貨幣を手にするには、つうの織った織物が必要であった。与ひょうは織物を手に入れてから、それを「おかね」に変えていく。この織物はつうが一晩かかって織り上げたモノで、この中にはつうの一晩分の「生」が含まれている。ただそれが織物になることでこの「生」は物体化して「生き終えた活動」となる。言い換えると織物の中につうの「人生の何分の一」かが縫い込まれていることになる。織物が与ひょうの手の中にあるうちは、それはつうという人格を持った人の活動が与ひょうの手中にあるのだ。しかし、これを貨幣に変えるとどの様になるだろう。与ひょうが貨幣と織物を交換した瞬間に、彼の手もとに残るものは、つうが織った織物に内在する価値と同等の価値を示す等価物である。つうが具体的な「生」をいきたという証ではなく、「人間」が活きたという証である。与ひょうにあげたつうの織物が貨幣と交換されることが繰り返され、与ひょうの手元に「お金」が蓄積されることは、具体的なつうの活動が「抽象的な人間的労働の集約」へと重ねられていくことになる。そしてこの「抽象的な人間労働」の堆積物は、つうではない特定できない具体的な人間たちのいままで生きた歴史そのものである。言い換えると生きた人間的活動を吸い込むことでこの集約物—貨幣は形を作ることになる。これは「死」の集約でもあるといえる。たとえばつうが人間の姿をしていた時間三〇日としよう。つうはこの一日一日の「生」を与ひょうとともに生きる。それはちょうど三〇枚の切符を一枚ずつ切り取って生き、残りがなくなると人としての「生」が終わるとたとえることもできる。そこで切り取られた切符は、死んでしまった時間ともいえる。何枚かの切符を使ってつうは織物を織った。言い換えるとつうが生きることはその時間において織物を織ることである。与ひょうの手元にあるときのつうの織物は、それ自身の姿でつうの「生きた歴史」を与ひょうに示している。しかしそれを交換して得た貨幣はそうではない。作品「夕鶴」において、つうはそのことを知っていた。だからつうは最後に二つの織物を与ひょうに手渡し、ひとつは貨幣に変えてもいいが、あとひとつは、与ひょうの手元に残しておくことを懇願する。その時がつうが人間の姿をして与ひょうの前に現れた最後の時であった。そのことは、ひとつはつうが「抽象的な人間」としての扱われることへの絶望と、与ひょうを愛した「具体的人間」としての自己の歴史を与ひょうに残すというつうの願望を意味していた。前者は貨幣に、後者は墓場に対応するのであろう。貨幣には名前がないが、墓石には名前が刻まれる。

今村貨幣論を、このように読み解くと、「死の観念」と「貨幣的人間」が結びつく。マルクスの価値概念を、貨幣生誕まで詳細に読み解き、それをもとにジンメル貨幣論を再考察した今村の貨幣論は、「人間は社会的存在である」というきわめて当たり前の規定を、その根底から考察しようとした論理であるといえよう。

6　小括――市民社会における差別を克服する可能性とその限界性――

今村貨幣論は、ジンメル『貨幣の哲学』からその影響を受けている。ジンメルのこの作品を読み解いていくとわかることだが、彼の貨幣の見方は貨幣が社会の秩序を構成するのに大きな力を発揮していく点を高く評価する。ジンメルは貨幣の抽象性を法律と同様普遍性として受け入れる。

近代社会における差別と平等を問う場合、この平等の普遍性は大変強力な論拠となる。たとえば性差別問題においても、「男である」ということと「女である」ことの相違によって自己実現に決定的な不利益を受ける場合、「男であるか、それとも女であるか」という以前に「人間である」ということを主張することをとおして、性差別の不当性は、多くの場合批判されてきた。しかしそこで人間であるということはどういうことなのかはさしあたり問われることは少なかった。

封建社会を打破し、近代市民社会が成立してきたと時代においても、「王族」「貴族」などの身分的秩序構造に対して、「第三階級＝ブルジョワジー」を対置することで、旧身分秩序を変革してきた。「抽象的人間」という考え方も身分を超える普遍性を持って歴史に登場する。しかし現実の歴史的展開は、資本主義社会であり、そこには「第三階級以外」の人が存在した。それ故現存する「第三階級」を意味する「抽象的人間」は、その意味をとえば「イデオロギー」＝「虚構」となる。「抽象的な人間」を支える物質的基礎は貨幣であるために、貨幣批判は、「イデオロギー」批判に倒置されやすい。ジンメルを師に持ったG・

ルカーチは、ジンメルから貨幣論を批判的に継承することはしなかった。彼は『イデオロギーと階級意識』の中で、貨幣を含む市民社会の制度全体を、「物質的性質」として批判していく方法をとっている。貨幣を廃止することは、資本主義社会の止揚と容易に結びつきやすく、ルカーチの方法論は人間社会と秩序との関係で貨幣の演じる役割を軽視する分析に傾斜している。小論では、この問題に深く立ち入らないが、「人間が平等である」という観念は、イデオロギーの領域として存在することではなく、貨幣形態とふかくかかわり現実社会の秩序構成の問題として市民社会に底流しているものとして考えられる。本論で省察してきた貨幣論はまさしくそれを意味しているといえよう。

「人間は平等である」との認識は、資本主義制度から離れては存在し得ないし、またこの認識なしに貨幣経済を最大限に発達させることは不可能である。とすると差別を克服していく社会運動は、「抽象的人間平等」を中核におく限り、この制度を前提に構想せざるを得ないということになる。しかし、差別の問題において、資本主義社会と差別の関係性について資本主義は「形式的平等を推し進めることで、具体的不平等を拡大再生産する」ことはよく指摘される。この「抽象的な平等」を現実社会のなかでいかにして、具体的な平等へと還元していくのか。反差別の構想は、この貨幣の持つ役割を十分承知した上で構築されなければならないであろう。

註　記

（1）マルクス／向坂逸郎訳『資本論』岩波書店、四五頁。『資本論』からの引用は、原則向坂訳を基づいたが、やや読みにくい箇所は、マルクス・エンゲルス全集（大月書店）の岡崎次郎訳も参考とした。だが、本論内での引用頁は、その都度の引用の煩雑さを避けるため、向坂訳に統一している。

（２）マルクス　同前書、四八頁。
（３）マルクス　同前書、四九～五〇頁。
（４）マルクス　同前書、二三一～二三二頁。
（５）マルクス　同前書、六六～六八頁。
（６）マルクス　同前書、七三頁。
（７）マルクス　同前書、七七頁。
（８）マルクス　同前書、八一頁。
（９）マルクス　同前書、八一頁。
（10）マルクス　同前書、八八～八九頁。
（11）マルクス　同前書、七九頁。
（12）木下順二『夕鶴・おんにょろ盛衰記ほか七編』（講談社文庫、一九七二年）三八頁。
（13）木下順二　同前書、四四～四五頁。
（14）木下順二　同前書、五五～五六頁。
（15）今村仁司『貨幣とは何だろうか』（ちくま新書、一九九四年）一四頁。
（16）今村仁司　同前書、二九頁。
（17）今村仁司　同前書、四六頁。
（18）今村仁司　同前書、四八頁。なおジンメル『貨幣の哲学』（居安正訳、白水社、一九九九年）では三九頁。
（19）今村仁司　同前書、四八～四九頁。
（20）今村仁司　同前書、六八頁。

第三章　地域社会の変革と生涯学習計画

―教育計画の論理と生涯学習の視点―

はじめに

本章は一九九〇年「生涯学習の振興のための施策の推進体制等の整備に関する法律」(「生涯学習振興法」)以降展開してきた教育の計画化行政と言うべき教育基本構想についてそれが如何なる論理で構成され、どのような特色を有するのかを現代日本の資本主義社会との関係を通して考察することを基本的課題とする。

二〇一二年末の総選挙で、政権に返り咲いた自由民主党や多くの国民の支持を得た日本維新の会は、その政治的主張として地方主権を強調する一方で教育については中央集権的主張を強く有した政策を打ち出している。選挙で勝利し、二度目の政権を担当する安倍晋三《あべしんぞう》内閣は、参議院選挙後、「改正」教育基本法にのっとり国家意思を教育の現場に反映させやすい政策を展開するであろうことは想像に難くない。民主党に政権を奪取された経験から、今回の安倍政権は、第一次の時よりもより国民的支持を得るような政策を掲げながら教育を国家統治の手段としていくであろうと考えられる。このようなタカ派的主張が今日の我が国で支持を受けている現状をどのように理解すべきであろうか。

安倍内閣の教育政策の展開を追っていくと、それは、教育以外の様々な政策課題の決定権を地方自治に移譲していこうという地域主権論の主張とまったく逆さまな展開であることがわかる。それは、グローバル化した資本主義の特色の一つに、国家的規模での協力なくしては個別資本間競争を勝ち抜くことが不可能であるという点があるからである。激烈な国際競争環境を支えるのは、それに対応する能力を身につけた人々で、その人々をつくり出すことのできるもっとも有力な社会的機能が公教育制度であるためである。それゆえ本論は、地域教育改革における生涯学習計画の特徴を論じるにあたって教育計画と資本主義社会との関係から入りたいと考える。具体的に「改正」教育基本法以降、教育振興基本計画が中央政府から地方自治体へと浸透していく論理を検証していく。

このように中央政策のもとに位置づけられつつある教育計画を地域社会で作成していくということは、一方で地方分権化していく地域社会を教育により統合していこうとする政治論理と対置することになる。つまりタカ派的政治的土壌と向かい合うことになるのである。本論では、このような中央主導型の論理に対して地域教育計画の可能性を、生涯学習計画を立案していく学習者の視点から展望していく。それを踏まえて、地域教育改革の可能性を生涯学習的視点から考察していきたい。

1　資本主義社会と教育の計画化

海老原治善《えびはらはるよし》は、著書『地域教育計画論』において、地域で展開される教育運動について地方自治体を基礎とした参加型教育運動としての位置づけをあたえた。そのことを通じて海老原は「教育計画」を単に行政計画から、地域住民が直接教育行政に参加をすることにより自らの手に取り戻す住民の共同事業としての教育活動―自己決定学習を展望しようとしていた。海老原は市民一人一人が教育へかかわることで国家を主体としての教育論から住民主体の教育論へと教育における直接民主主義を想像しようとしていた(1)。嶺《みね》井正也《いまさや》が指摘する通り(2)、今日海老原がこの著書を書いた時代と異なり、革新自治体がなくなっている政治状況を見るとやや困難な点があるのは確かであるが、教育計画を行政計画の枠から住民の身近な場所へとおろした点は現代でもなお注目できる。

このような海老原の地域民主主義への展望は労働者階級の組織と地域との連携を展望しているところに特色の一つがある。理論的前提には、教育は間接民主主義には基本的になじまないとの理解と労働を基礎とする社会の建設こそが地域民主主義の到達目標との理解があったと考えられる。

問題は、今日労働組合の組織率の低下とその体制内化が著しく進んでいることである。資本主義社会が発展進化していくということはその社会を成立させる秩序意識が深化していくことに他ならない。資本主義社会はその発展のための機動軸を形式としては市場とそこで行われる交換におき、本質的には労働力の搾取を基礎に富を増大させていく特色を持った社会である。そのためにそこで生活する人たちに「納得と合意」をとらなければならない。自由と平等を建前にしつつ、実質的には不自由と不平等を生産し続ける社会で生活していく人々への合意は、本人たちの努力と自己責任、そしてその社会原理が否定されない程度の社会保障を制度として持っている。資本主義社会における教育はここで生活する人々に、この「合意と納得」をつくるシステムとしての役割も期待されている。

同時に、このシステムは具体的な生活の糧を保証するものでもあった。海老原治善は教育史の古典的名著『現代日本教育政策史』において[3]、教育政策が成立してくる基本的要因を①労働能力の陶冶、②秩序意識の形成・維持、③軍事訓練機能の三点であることを指摘した。現代の日本では国民皆兵制度がないために軍事訓練機能は影を薄くしているが、労働能力の陶冶と秩序意識の形成は重要な役割を果たしている。この二つは別々に教育政策に内在しているものではなく、前者を身につけさせつつ、後者を強要していくという構成をとる。労働能力の陶冶とは単に識字力や計算力を意味しない。個々人一人一人で見ると「読み・書き・計算」という基本的学力であるが、学校という制度においてはその成果（「到達学力」）により選抜するという機能を持つわけであるため、労働力の陶冶は教育を受けた結果までをも含みこんでいる。ここが秩序維持機能として強力に作用するテコでもあるのだ。教育を受け学力を身につけていく過程は、職業選択（ここでは進学も含む）の過程と同時に仲間と競争的環境におかれることでもある。努力の成果、言い替えると勉強した成果はそのまま自己の社会的地位の反映として学習者には映りやすい。だから教育を受け、その結果社会的地位を獲得している人々が多くなれば、その社会は「自己の能力と努力」により成果を手に入れることのできる自由な社会であると実感される。その社会の構造が自分たちを搾取する階級社会であるとの認識を狭めていく。そして教育を通じて「成功」していくルートから外れた人々の不平は、社会秩序からの逸脱と理解されやすい。社会秩序意識の形成は労働力の陶冶過程に内包されていると言える。現代の地域社会の閉鎖性は教育のイデオロギー的機能が、この社会秩序意識の形成に成功していることの証明でもある。

だが資本主義社会の発展は、そこで生活する人たちに自由を与えるとともに不平等を拡大再生産していく。具体的には「格差」の拡大再生産であり、当然その社会に対する不満・その秩序に対する反感を持つ人々を生産することになる。資本主義制度は本来自律的秩序を有する市場を基礎として成立するが、その発展過程でその秩序にそぐわない人々を創り出さざるを得ない。教育は、この現実に対処するために労働能力の陶冶過程で十分に形成されなくなった秩序意識を何らかの形で補わなければならなくなる。それが愛国心教育であったり、『道徳』教育であったりする。この視点でまず国家の教育政策の中に教育計画が位置付いていった経緯を見てみよう。

2　法制度の特色

教育計画は戦後成長期に国政レベルで総合開発計画などと並行して地域構想という形で作成されていった。地方自治法の第二条四項に「市町村は、その事務を処理するに当たつて、議会の議決を経てその地域における総合的かつ計画的な行政の運営を図るための基本構想を定め、これに即して行うようにしなければならない」と記されており、これに基づき地方自治体が基本構想をまとめ、議会承認を得てそれを基礎にして地域開発を行っていく。教育計画はこの基本構想の中に位置づけられることになる。実際一九八〇年代終盤には教育計画は、基本構想を持つ自治体の八五％が生涯学習を推進するという形で構想の中に位置づけられていた(4)。

教育計画が総合的な行政計画の中に本格的に位置づくのは、一九九〇年「生涯学習の振興のための施策の推進体制等の整備に関する法律」（「生涯学習振興法」）が制定されて以降である。これ以降教育計画について本格的な規定がなされるのは二〇〇六年改正教育法であった。そして、教育計画を作成することが教育行政の重要な役割の一つとなるのは、二〇〇八年四月中央教育審議会答申「教育振興基本計画について〜

『教育立国』の実現に向けて」をうけて同年七月に閣議決定された教育振興基本計画からとみることができる。

生涯学習振興法では教育計画は第五条に「地域生涯学習振興基本構想」として「都道府県は、当該都道府県内の特定の地区において、当該地区及びその周辺の相当程度広範囲の地域における住民の生涯学習の振興に資するため、社会教育に係る学習（体育に係るものを含む。）及び文化活動その他の生涯学習に資する諸活動の多様な機会の総合的な提供を民間事業者の能力を活用しつつ行うことに関する基本的な構想（以下「基本構想」という。）を作成することができる。」と記されていた。第二項において基本構想の具体的な内容を①「多様な機会（以下「生涯学習に係る機会」という。）の総合的な提供の方針に関する事項」②「地区の区域に関する事項」③「総合的な提供を行うべき生涯学習に係る機会（民間事業者により提供されるものを含む。）の種類及び内容に関する基本的な事項」の三点であり、この内容を含む構想を都道府県と市町村が協議をして作成し、文部科学大臣と経済産業大臣の判断を仰ぐという形式であった。そこで学習される内容などに踏み込んで計画を作成すると言うよりも「地域おこし」的色彩の強いものであり、市民の学習をあくまで支援するという論理を持った法律であった。誤解を恐れずに書けばこの法律は社会教育的教育事業を前提としつつ、経済産業省と文部科学省が連携して構想を監督していくというもので、学習内容においてはあくまでも地方自治体にゆだねるというスタンスの法律である。

実はこの点が「改正」教育基本法となると大きく異なる。同法では教育計画作成については第三章教育行政第一七条で以下のように記されている。

「（教育振興基本計画）第十七条　政府は、教育の振興に関する施策の総合的かつ計画的な推進を図るため、教育の振興に関する施策についての基本的な方針及び講ずべき施策その他必要な事項について、基本的な計画を定め、これを国会に報告するとともに、公表しなければならない。

２　地方公共団体は、前項の計画を参酌し、その地域の実情に応じ、当該地方公共団体における教育の振興のための施策に関する基本的な計画を定めるよう努めなければならない。」

生涯学習振興法を踏まえると、この規定は政府の主導的位置づけがより明確になっていることがわかる。だが「教育の目的」などと比較すると、二〇〇六年同法の「改正」時においてはあまり議論の対象にならなかった。なぜ生涯学習振興法よりも、教育基本法の中でより構想が明確化したのか。これは生涯学習振興法が策定された時代を想定する必要がある。一九八〇年代後半、日本はバブル経済に沸いていた。税収面から見ても日本国財政が破綻するなどということは想像を絶した。この経済的繁栄を背景として、教育産業を支える方策の一つとして生涯学習が構想されていた。周知のように本来、生涯学習は変化の激しい社会に対して人々が学び続けることで生きる権利を保障していこうというものであったが、それが日本的文脈に翻訳されると余暇の活用と理解される側面が強くなっていた。つまり、新自由主義的政策が日本社会を駆け巡りはじめようとするそのとき生涯学習振興法は構想され、バブル崩壊が決定的となった九〇年に制定されるのである。

「改正」教育基本法の想定する社会状況は、「失われた一〇年」がまさに二〇年になると言われ、アジア地域でのグローバル化競争が本格化している時代であった。競争的国際環境の中で、日本経済を立て直していくために国家主導で教育を計画しなければならない。「改正」教育法の中の教育構想の位置は、そのことをしめしている。同法に記された計画の策定手順は、まず政府が基本的計画を定め、国会に報告することからはじめ、次にこの計画を「参酌」し、地方公共団体が基本計画を策定するという構成である。これについて元井《もとい》一郎《いちろう》は次のように指摘する。

「地域教育計画という視点から、二〇〇六年教育基本法における教育振興基本計画を検討するなら、当然ながら、その論理は国家的な教育計画論の構築論理であり、個別地域で策定される教育基本計画、その意味で地域教育計画の策定という論理は、二次的な位置づけでしかないと結論できるのである。[5]」

生涯学習振興法では、教育基本構想＝地域教育計画は基本的には地域の実情に配慮して作成されるという社会教育の地域主義的特徴を有していたが、教育基本法に記された教育計画はまったく逆さまになっている。これは元井も指摘しているように地方分権改革と逆さまの論理である。この論理から見えるものは、地方分権改革が進んできても教育はその改革の中に含まないということである。これは、現代の日本資本主義がどのような問題構造を抱え込んでいるかを看ると理解できる。バブル経済の崩壊以降出口の見えない日本資本主義は、日本型雇用慣行の改革などを通してグローバル競争に打って出ようとしていた。一九九九年の労働者派遣法の改正や各個別企業における終身雇用制や年功序列賃金体系の改変は、社会に多くの変化を生んだ。一九八九年段階で一九・一％の非正規社員の割合は二〇〇六年には三三・二％に増えていった。貧困問題が深刻化し、二〇〇六年に東京都足立区で就学援助を四二％の子どもが支給されているという実態レポートが『文藝春秋』四月号に掲載されるほどになる。[6] このような改革と貧困の深化は、教育の秩序維持機能の基本的主動輪である労働力の陶冶機能（学歴・学校歴）の基本的な部分の修正を図っていくことを意味している。中学校より高等学校、高等学校より大学というより高い教育機関を卒業し、企業に就職すれば人生はそれなりに過ごせるという多くの国民が共有していた展望を修正させることになった。言い替えれば「ある程度まじめに勉強すると将来はそれほど心配ない」との将来展望を見えにくくした。そうなると労働能力の陶冶は同時に秩序意識の形成機能として十全に働かなくなる。グローバル化した資本主義のもとであっても、個別資本は国民国家を利用することでしか戦い抜くことはできない。これは、二〇〇八年七月に出された「教育振興基本計画」を看ると国際競争力とそれを支える基礎学力そして社会秩序の維持機能の強化が強く押し出されていることが分かる。

3　教育振興基本計画を読む

二〇〇八年七月一日に閣議決定された教育振興基本計画は、「改正」教育基本法と教育振興基本計画の関係について以下のように記している。

「教育改革を実効あるものとするためには、我が国の教育の目指すべき姿を国民に明確に提示し、その実現に向けて具体的に教育を振興していく道筋を明らかにすることが重要であるとの観点から、同法第一七条第一項において、教育の振興に関する施策の総合的かつ計画的な推進を図るため、政府が基本的な計画（教育振興基本計画）を定めることが規定された。今後、知識基盤社会の進展や国内外における競争の激化など社会が大きく変化していく中で、個人が幸福で充実した生涯を実現する上でも、また、我が国が一層の発展を遂げ、国際社会に貢献していく上でも、その礎となるは人づくり、すなわち教育である。」

なぜ、教育が必要なのか。これによると「個人が幸福で充実した生涯を実現」することと「我が国が一層の発展を遂げ、国際社会に貢献する」ために教育が「礎」になるという理解である。

続いて、教育振興基本計画の「第一章　我が国の教育をめぐる現状と課題」において現代日本の教育が直面している問題状況を以下のように記している。問題状況の把握は、その解決の方法のあり方を大きく規定する。少し長くなるが、以下引用してみたい。

「都市化、少子化の進展や経済的な豊かさの実現など社会が成熟化する中で、家庭や地域の教育力の問題や、個人が明確な目的意識を持ったり、何かに意欲的に取り組んだりすることが以前よりも難しくなりつつあることが指摘されるようになっている。こうした状況の中で、近年、教育をめぐって、子どもの学ぶ意欲や学力・体力の低下、問題行動など多くの面で課題が指摘されている。また、官民の分野を問わず発生し社会問題化した多くの事件の背景には、社会において責任ある立場の者の規範意識や倫理観の低下があるとの指摘がある。このような状況は、経済性や利便性といった単一の価値観を過剰に追求する風潮や、人間関係の希薄化、自分さえ良ければ良いという、履き違えた「個人主義」の広がりなどがあいまって生じてきたものと見ることもできる。しかしながら、経済などの一面的な豊かさの追求のみによっては真に豊かな社会を実現することはできない。」

「社会が成熟化する中」で地域の教育力が低下し、個人が目的意識を持った意欲的な生き方ができなくなったことなど、そして子どもたちの「学ぶ意欲や学力・体力」が低下してきたなどの課題が指摘されていると記されている。ここで注意しなければならないことは、「社会が成熟化」することと目的意識を持った意欲的な生き方ができなくなることはまったく別の問題である点である。一般的に考えて、「社会が成熟化」することは、一人ひとりの生活の選択肢が広がることを意味する。「成熟化」したにもかかわらず、その選択肢を一人ひとりが享受する可能性が、逆に狭まってきているために、自己の欲望（自己実現欲求）と現実社会の「成熟」過程が離れていくから活動に意欲がなくなるのである。

このことは子どもたちの教育・学習にもあてはまる。教育⇕学習関係が成立する大前提は、学習者が学習する内容（教育する側が準備する内容）に自己の可能性を見出すことである。学習した成果が自己実現と直接的、あるいは間接的に学習者の中で結びついて初めて学習動機が生まれる。しかし現実社会では雇用制度の激変、それに伴う不安定な生活などきびしい現実があふれている。学歴をつけたからと言って、自らの社会的地位が保障されるはずもない。学習意欲が低下するのは、自然な成り行きと見える。だから秩序意識も崩壊する。この現状に対して、教育振興基本計画では以下のような展望を持っているのである。

「我が国社会を公正で活力のあるものとして持続的に発展させるためには、我々の意識や社会の様々なシステムにおいて、社会・経済的な持続可能性とともに、人として他と調和して共に生きることの喜びや、そのために求められる倫理なども含めた価値を重視していくことが求められている。」

現代の社会が、「持続的に発展させるために」は「人として他と調和」することが重要でそのための「倫理」などの価値に重きを置く教育を振興することになっていく。教育振興基本計画は、「第二章　今後一〇年間を通じて、目指すべき教育の姿」で「義務教育修了までに、すべての子どもに、自立して社会で生きていく基礎を育てる」こと。「社会を支え、発展させるとともに、国際社会をリードする人材を育てる」ことの二つの方策を提起している。そして計画は、義務教育修了後の展望を以下のように記している。

「義務教育修了までの教育は、個人として、国民として生きる上での基本となる力を培うものであり、これに幼児期の段階から取り組むことにより、早い段階で能力と責任感を備えた社会の構成者を育成し、将来も含めた社会の安定や発展にも資することが期待される。」

教育振興基本計画は、当然高等教育にもふれ、国際社会の中でリードしていく人材を育成することを強調している。そしてこの教育を実現していくために、教育投資の基本的な方向性については以下のように記している。

「教育投資の規模については、教育にどれだけの財源を投じるかは国家としての重要な政策上の選択の一つであることを考える必要がある。とりわけ、資源の乏しい我が国では人材への投資である教育は最優先の政策課題の一つであり、教育への公財政支出が個人及び社会の発展の礎となる未来への投資であることを踏まえ、欧米主要国を上回る教育の内容の実現を図る必要がある。」

教育投資は教育計画論を考察する上で非常に重要な点である。教育計画を現実化するためには予算の裏打ちを必要とするから、それを可能とする具体的な記述が必要である。だが、この計画の中に具体的な数値目標を入れることをしていない。最初この計画案に文部科学省は数値目標を書き込もうとした。中村文《なかむらふみ》夫《お》がこの間の経緯を整理しているように[7]、教育関係者は数値目標がなければ計画は「絵に描いた餅」（市川正午）とまで評していた。我が国の教育政策は、社会問題として存在する現実的矛盾を、「気の持ちよう」に転換することで費用をかけず済ませる伝統がある。結果的にこの伝統を崩すことができず、財政的裏打ちを担保することに、政治指導者や他省庁官僚はその投資意義を見いだせなかった。教育、特に義務教育においてはその秩序維持機能にウエイトをかけて計画案が描かれるということ自体、教育を投資対象と看ることができなくなる論理を内包する。秩序意識機能だけでは価値は生産されない。なぜ財政的裏打ちのない教育振興計画を作成したのか。

現代のグローバル化した資本主義のもとでは前述した伝統的教育観だけでは、問題は片付かない。結論を先に書くと、これは、個別資本の力だけではグローバル化した競争環境には勝ち抜けないというグローバル資本主義の特色が教育に反映したものと看ることができる。基本的なことだが、資本の増殖には労働力の搾取以外に方法がない。グローバル化した資本主義がより効率的に労働者を確保する方法は、三つある。安い労働力を確保することと競争に勝ち抜くことのできる商品開発を推し進める高度な労働力を確保することである。そしてこの労働力確保の方法が法的に保護されることである。安い労働力とはその再生産費用が安いこと、つまり生活費が低く同時に教育費も低い環境で生活している人のことであり、高い質の労働力は、その開発に多くのコストを必要としていること、言い替えると多くの教育費をかけ高度な教育を受けた人のことである。そして労働力確保の方法が法的に保護されているとは、社会が安定しており、「暴動」や「テロ」などで資本循環に支障を来さないこと、言い替えると国家が安定していることである。

教育投資をすると、労働力の再生産費用が上がる。しかし、高度な質の労働力がなければ国際間競争には勝てない。後者は個別資本だけで創り出すことはできない。この一見矛盾する解決方法が、義務教育への投資を鈍らせ、高等教育へはそれなりの競争的資金をつけるという資金の流れをつくりだす。これが教育振興基本計画に教育投資の必要が書かれながらも、数値目標が書かれなかった基本的な理論と見えるのだ。また同時に、このように国家がなければ、資本主義競争はグローバルに展開できない。グローバリゼイションは国民国家を崩壊させるものではない。グローバル化した資本の展開に「貢献する質」の労働力は教育を受けることなしには、労働市場に登場しない。その労働者を育成することは個別資本にとってコストとなるために、コストを抑えて、労働者を育成するためには国家以外に利用するものが見あたらないのである。だから、「改正」教育基本法も教育目標に「愛国心」を掲げることになるし、教育振興基本計画も生涯学習振興法と違い、国家主導の計画という形をとることになるのである。

4　生涯学習的視点から見た地域教育計画論

地方自治体レベルの教育振興基本構想はどうだろう。最初に策定状況を確認したい。文部科学省によると二〇一三年三月現在四七都道府県中四三都道府県、政令指定都市では二〇政令指定都市中一八都市、中核都市では四一都市中二七都市が作成しており、市町村議会では、八九八（五二・二％）の自治体が作成している(8)。

具体的にどのような構成になっているか確認したい。教育基本構想は市町村の作成する基本構想とワンセットになっており、教育振興基本計画後作成されたケースもあれば、作成以前から都道府県・市町村がすでに作成しているものもある。新潟市の教育振興基本計画を見てみるとそれは、二〇〇六（平成一八）年三月に作成された「教育ビジョン新潟市」である。これは教育振興基本計画が制定される前にすでにつくられているものであり、これは教育振興基本計画の中に強調されている「秩序」意識の形成や社会的責任の重視などはあまり出てこない。なにを重要視しているかというと「教育ビジョン新潟市」には以下のように書かれている。

「本ビジョンでは、学校、家庭、地域をはじめ、たくさんの力を結集し、協働で取り組んでいこうという「学・社・民の融合による人づくり、地域づくり、学校づくり」の考え方を重視しています(9)。」

本構想は全体として「協働」で地域社会をつくるために教育はいかにあるべきかが論じられ、そのための教育計画が提案されるという構成になっている。この計画内容が行政主導型ではないなどと指摘するつもりはない。ここで注目したいことは、市民に対して社会を構成する責任を国家の教育振興基本計画ほど強調していない点である。確かに「新潟市教育ビジョン」の場合、新潟市が政令指定都市に移行するに当たり、その教育の将来計画を明らかにするために書かれており、教育振興基本計画よりも先に出されている。そのために国家レベルの教育計画を「参酌」することが不可能であったことも考えられよう。重要な点はこの計画を作成するに当たり、市民の意識調査なり社会教育委員会等の意見聴取を行ってからそれを参考として作られている点である。行政側にたって教育政策を作成しても、「箱物」はできても市民ネットワークは作ることができない。つまり地域教育計画を教育の外的事項から内的事項にまで踏み込んで作成していく場合、市民の声を聞かなければ実行可能な計画は作成できないのである。

このことは学校教育の視点ではなく、社会教育的視点に立つと理解しやすい。公民館などの社会教育施設で市民向け学習講座を作る場合、学習ニーズの調査を行う。住民の要求課題をつかむためである。講座を組織する側（教育を構想する側）はこの要求課題から、学習者が抱えている生活課題を読み解き、ここから学習者にとっての必要課題を確定する。そして、この要求課題と必要課題を積み上げ学習課題を設定し、具体的な学習講座を作成していく。つまり、市民にとって学習は、自己の課題を解決できる方向性を見いだす可能性があるときはじめて成立するという認識が、学習を組織する側に常に存在していなくてはならない。社会教育施設での個別学習計画は、一つ一つ市民の生活課題と向き合って立ち上がっていると言えるのである。

これは、教育計画をつくる場合も基本的にあてはまる。また計画を立案していく主体が、国家↓都道府県↓市町村↓地区と具体的に学習者に近づけば近づくほど学習計画作成の論理は強くなっていく。だから国家がリードして教育計画を作成しても、教育計画を支える具体的な問題意識が地域住民に示されなければ何にもならない。確かに国家の指導は教職員や市町村の職員を拘束することは可能でも、地域社会の住民は教育課題に引きつけられない。だから教育振興基本計画の中にも地域住民の問題意識を反映しているかのような「学校は閉鎖的である」などと言う唐突な問題指摘が例としてあげられることになる。しかし、このような例では教育振興基本計画に記された教育の目標を全国的レベルに広げることはできない。国家的教育目標に住民意識が参集してくる何らかの方策が必要であり、それが「愛国心・倫理観」などであったと考えられる。

教育振興基本計画が、地域住民の側にたった計画として立ち上げられるにはどのような論理構成が必要なのか。それは気の遠くなる話であるが、住民の教育要求の積み上げしか道はないのではないかと考えている。この教育的要求を積み上げるためには「合意」をとらなければならない。だが、現在この教育要求の合意づくりが困難を極めている。例えば校則一つ例にとってもそのことはいえる。「中学校の制服を廃止するか、それとも存続するか」という問題も地域の保護者の中では決まらない。また学校評議会も多くの公立学校には設置されているが、当初期待されたほど役割を演じているわけではない。社会教育施設である公民館でも公民館運営審議会という歴史ある会議にしても現在は設置義務が外され、指定管理制度のもと効率化の名目で廃止されている施設も少なくなく、議論をする場さえもがなくなりつつある。その上地域社会で生活する住民の経済格差は深刻で、教育現場はストレートに格差を反映する。学校行事への保護者の参加についてみると、休暇が取れる仕事に就いている保護者か、または「仕事についていない」保護者は参加するが、派遣労働やパートタイム労働など雇用の不安定な労働に従事している保護者は、参加率が極端に低くなる。保護者が行事に参加しない子どもたちは、保護者とともに参加している子どもたちを見ながら学校行事に参加せざるを得ない。教育議論に参加できる保護者が一部に偏るのもこう看ると理解できる。

　このような現実を踏まえた上で地域から教育基本計画を住民主体で積み上げるのに必要な理論構想をつくっていくためには、まず地域を行政区画として捉えることから始めざるを得ないと考える。戦後教育学研究は、地域社会を「子どもの成長の場」として、言い替えると教育的価値の視点から捉えてきた。[10]だが、現実には子どもたち一人一人の家庭は経済的に厳しく行政の生活支援を必要とする場合も少なくなく、また登下校時の安全の確保、小学校と中学校の連携や中等学校の設置などは明らかに行政区域として地域を捉えざるを得ない現状であると考えられる。そしてその上で財源確保の問題があるのだ。基本的なことであるが、地方議会で教育に関する質疑は文教委員会（あるいは総務委員会）で行われる。当然具体的な教育改革を議論すれば、予算の問題にならざるを得ない。そうすると予算に関する事項は首長部局となるから、教育委員会の範囲を逸脱するので議論が進まなくなる。また、予算を焦点化して教育改革論を議論しようとすると、予算は当然理念を伴うため、教育理念となると首長部局ではなくて、教育委員会の管轄になってしまう。つまり、議会で審議してもなかなか前に進まないという現状がある。その上、地方の限られた財源を教育予算に振り分けるには予算全体に占める教育費の割合を変えなければならない。以上の構造が地域教育改革を妨げる大きな壁になっているといえる。また予算全体の比率を検討することは地域政治の議論をすることになるのである。このように考えると地域主権の議論と地域における教育振興計画論は、ワンセットで考察していくことになる。このように考察を進めてくると、元井の地域主権と地域教育改革論の関係性についての展望は、かなり説得力を持つといえる。

元井は「地方分権改革の進展はその本質として、日本における統治構造の再編を必然化する改革」であるとした上で、「地域主権がさらなる改革を進捗しているのであれば、既存の制度の再編あるいは改変はさらに進められる必要がある。……地方教育行政制度もその例外ではない」として、「地方教育行政を中核的に担う教育委員会制度の改廃論などをめぐる最近の議論」は、「地方分権改革の帰結」としていると指摘している。そして以下のように地域教育改革論の課題をまとめている。「地域教育改革論は市町村の基礎自治体を先ずは主体として構築されるべきである。教育振興基本計画を基礎自治体が独自に構築することを通して、地域教育計画の新たな地平を開く必要がある。その際、基礎自治体における課題を振興基本計画にどれほど組み込みうるのか、さらには、実効性のある財源を前提にした計画論であるかが第一義的に目指されるべきである」[11]。元井の展望は、グローバル化していく資本主義下の教育だけが中央集権化の色彩を強く持つ働きに対抗する基本理論であると考える。

おわりに

教育振興基本計画を作成することと地域主権との関わりを考察していくと、次に、地域住民の自治意識をいかに形成するかという民主主義の基本的問題に行き着く。そこに現代生涯学習の課題があると言える。そもそも戦後社会教育は、主権在民を基礎とした現憲法のもと二〇歳以上の成人が選挙権を獲得したことに伴い、その権利行使のための学習をすることを基礎に展開してきた。この実践活動が地域の共同体に依拠して存在してきた。だが現実は、多くの地方自治体において少子化が進行し、その結果伝統文化・行事などの後継者がいなくなり、協働性そのものが瓦解の危機にある。

これをいかに取り戻すのか。「改正」教育基本法および教育振興基本計画では「伝統的価値観の教育」や「社会に対する責任」、「郷土愛の強調」等で「公共性」を市民意識の中に根付かせようとしている。この動きを「愛国心の強調」としてとらえ、それに対抗していく論理ではたして越えることができるのだろうか。われわれのアイデンティティ形成の問題に踏み込むことなしに、この問題は解けないと考える。つまり、「愛国心教育」とか「伝統文化の教育」について、それをストレートに批判するだけではなく、内在的に批判克服していく視座を生涯学習論は確立していく必要があるのだ。(12) これは教育自治の課題であり、地域教育計画論の哲学的主柱だと考えている。

註記

（1）海老原治善『地域教育計画論』（勁草書房、一九八〇年　海老原善治著作集七）参照。
（2）嶺井正也『現代社会教育の焦点』（八月書館、二〇〇五年）一七七頁参照。
（3）海老原善治『現代日本教育政策史』（三一書房、一九六六年　海老原善治著作集一）参照。
（4）鈴木真理、西井麻美、相庭和彦「社会教育条件整備の経時変化―『社会教育調査』から―」（『生涯学習計画と社会教育の条件整備』エイデル研究所、一九九〇年）参照。
（5）元井一郎「地域主権と教育計画――地域教育計画論の課題を中心に」（公教育計画学会編『公教育研究二　特集地域主権と公教育』、二〇一一年）六九頁。
（6）中野麻美『労働ダンピング――雇用の多様化の果てに』（岩波新書、二〇〇六年）二～二五頁参照。
（7）中村文夫「公教育の計画課と財政」（公教育計画学会編『公教育計画研究一　特集公教育の現在と教育計画』二〇一〇年）参照。
（8）http://www.mext.go.jp/a=menu/keikaku/plan/1295603.html（文部科学省ホームページ）

（9）「教育ビジョン新潟市」については以下サイトを参照。
http://www.city.niigata.lg.jp/shisei/seisaku/keikaku/kyoikuiinkai/bisiontop.files/vision.pdf

（10）筆者著『生涯学習から地域教育政策へ』（明石書店、一九九九年）参照。

（11）元井一郎　前掲論文、七四頁。

（12）伝統文化と生涯学習については筆者稿「グローバル化社会における『伝統文化』と生涯学習――『伝統文化の継承』とグローバリゼイションの関係性」（『新潟大学教育学部研究紀要第三巻二号』）同「グローバル化社会における伝統文化学習の生涯学習的意義」（平成二一―二三年度科研費報告書『「伝承習い事」文化における継承と生涯学習の現代的課題に関する日中韓比較研究』二〇一二年三月）参照。なお、「愛国心」などのナショナリズムや伝統をとらえなおしていく論として、以下の論考は参考となった。高山敬太「ナショナリズムと公教育――戦後的論争からの決別のすすめ」（前掲『公教育計画研究一』）。

第四章　生涯学習における文化と教育

―文化と人権―

1　文化政策と生涯学習

今日の地方自治体で生涯学習を地域文化施策の一つに掲げないところは、おそらくかなりの少数であろう。それは「無い」と断定してもいいかもしれない。生涯学習は、今やわが国において完全に市民権を獲得していると言える。なぜこのように「学習」などと呼ばれる政策が国家政策の枠を超え地方自治体にまで浸透したのかという理由を考えると、論者によりさまざまな要因が指摘されるであろう。たとえばそれは、さしあたり経済的豊かさを獲得した市民の学習要求が高まったことや、構造改革により新しい知識を獲得していかないとリストラの対象になるというサラリーマンの悲痛な要求かもしれないし、あるいは国民全体の学歴の高まりにより学習主体が成長してきた結果かもしれない。このように理由はさまざま考えられるが、ここでは生涯学習がどのような要因にせよ受け入れられようとしてきた過程を政策論理に即して検討していきたいと考える。

もう少し切り込み視点をはっきりさせるために言い換えると、生涯学習は何はともあれ「良いことだ」として受け入れていく「教育と文化の関係性」を政策展開の検討を通して問題にしていきたいと考えている。生涯学習がまだ生涯教育として日本に紹介されたのが一九六〇年代の終わりであり、七〇年代には産業界から生涯教育の必要性がその経済的要因とリンクされつつ主張されたにもかかわらず当時の文部省は、この考え方にあまり魅力を感じなかった。教育学研究においてもこれを積極的に評価した人物は、その日本への紹介者である波多野完治《はたのかんじ》と持田栄一《もちだえいいち》(1)等であった。八〇年代に入り中曽根康弘《なかそねやすひろ》内閣の「二一世紀の教育を展望する」との掛け声のもと設置された臨時教育審議会(一九八四〜八七年)で、「生涯教育」が「生涯学習」と変わり教育政策の主柱として捉えられるようになってにわかに注目されるようになると、多くの住民は生涯学習を認めはじめるのである。「生涯学習とは何か」という概念を理解することにより、「一人一人が学びたいときに学習する」、「人生の自己実現を図る学習活動」そして行政的には「学習集団による学習から個人個人の学習要求を満たしていく」などの方針で、生涯学習は多くの地域社会のなかに根ざしていったのである。これを市民個人個人の側から見ると、従来の社会教育などで行われてきた学習とは異なった学習活動に映ってきた。文化活動として行ってきた活動も生涯学習としてとられるとなおさらそれははっきりしてきたのである。

学習活動というと学校教育の延長として理解されるが、文化活動となるとこの限定が緩くなる。多くの人々にとって学校教育の延長は近づきがたいが、文化活動を学習として理解するなら入口は広くなる。それだけでなく「学習」という言葉の持つ意味に自己の学校教育時代から疎外感を有してきた多くの市民においては、文化活動が学習ならいいことであった。この文化活動は限りなく余暇に等しく、それゆえ学校教育から距離あるものとして人々に受け入れられた。たしかに生涯学習の中には、再就職目的のものや生活課題解決学習的なものも存在している。しかし、今日の生涯学習を育て上げた主流は、地域住民の広義の文化活動であり、文化活動を取り入れることに生涯学習施策が成功したからに他ならない。地域社会での具体的な文化活動は、生涯学習の成果でもあった。また同時に文化政策は、「生涯学習振興法」以降生涯学習施策と結びつくことで、総合文化政策として地域政策の中核に位置していく。

そこで本章ではまずこの「文化」なるものを考えたい。次に生涯学習を支える心性を問いたい。この議論を基礎としつつ「生涯学習と文化」についてその内的関連性を考察し、地域社会再生のための可能性と限界を生涯学習政策に見ていこうと思う。

2　文化の二重性

文化概念をまず押さえてみたい。一般に文化というと芸術などの高度な精神的活動を指す場合と地域や民族集団あるいは国などで暮らしている人々の伝統的生活様式や習俗・慣習など総体を指す場合がある。ここでいう文化とは主に後者を指す。もちろん学習活動であるのでそれを文化活動ととらえていけば高度な精神活動となるが、そのような活動をその社会の住民がどのようにとらえていくのか、それをとらえていく思考様式としたら後者になろう。本章の課題は、学習活動がどの程度文化的水準を有して展開されているのかという学習活動の内実を考察することではない。それはその活動がどのように支えられているのか、またはその活動を行政がどのように政策化しているのかと問うことであり、この文脈では広義の意味での文化となる。

今日、生涯学習施策によって地域的展開をみている伝統文化を掘り起こし、それを学習活動とつなげていくことで地域の活動主体を形成するという人づくり政策は、どこの地域にも存在している。特に「地方発」などと言われ、地域の独自性を全面に出す「祭り」などの復活は、生涯学習活動の成果である場合が多い。このような伝統文化を支えている生涯学習活動を少し細かく見てみると、そこには二つの側面があることに気づく。一つは伝統を生かし、地域社会の活性化を支えていく新しい動きである。もう一面は、伝統の中に潜む差別の温存である。社会の文化は、そこで生活する人たちがそこにある既成秩序なり、規範を了承するから伝承可能となるのだが、それが性差別なり、障がい者差別なりの差別問題から自由かというとそうではない。たとえば日本の国技とされている相撲界などを想像すれば、そこには性差別や、「けがれ」意識の問題が存在していることは指摘するまでもないであろう。このような文化土壌は日本社会のさまざまな局面で目にすることができよう。生涯学習と文化活動が結びつくときこの問題は顕在化する。

神社などをそのルーツとする地域の「祭り」は、その活力を地域民衆に与えることとは裏腹にかなり強い差別意識を持つ。もともと祭り等の宗教的色彩を有する活動は、その地域社会の秩序形成と密接に関連してきた。今村仁司の「排除の論理」でも述べられているように秩序を形成するということは、中心がつくられることであり、それは周辺を形成することでもある。(2) つまり排除される人々が必ず生産されることである。伝統文化がその地域の秩序と権力の形成に無関係ではない以上、継承されている文化活動は必ずその内に差別性を内包する可能性があるのである。もちろんここでは日本社会のすべての文化活動がすべて差別であるなどといっているのではない。「文化」と表現される生活行動様式が秩序形成と密接にかかわっている以上、そこには必ず排他的秩序を生産するメカニズムが働くという点を見落としてはならないということなのである。

生涯学習という学習活動を媒介として、地域社会を再活性化していこうという発想が、そこの伝統と無批判に結びついていくことの持つ問題性をとらえていく視点こそ重要である。なぜなら、生涯学習が各地で展開している現状においてそれを支えている発想が、生活課題克服型の学習よりは、「明るく、楽しい」学習、言い換えれば「趣味・ごらく型学習」である場合が多い。そのため地域社会に強く根を張る「差別問題」などはその活動の副次的要因として扱われ、文化活動のなかで自然に克服されていく可能性が低いのである。つまり文化が持つ二重性は、意図的にその一方の差別性を克服していこうとしなければ、それは継承され続けていくことになる。このように考えると八木晃介《やぎこうすけ》の「差別表現」分析における文化把握は、傾聴に値する。八木は差別表現とその意識を支える文化構造を問いつつ、それを克服していくために文化変革の必要性を以下のように述べている。

「差別表現はいずれも現実の人間関係、文化体系、社会構造に埋め込まれたものとして、ほとんど自明性の領域において作動している。……表現を問題にする場合には、常に表現が生み出すそれらの構造を歴史的に解明するという原則的な観点が必要である。われわれがしばしば強調してきた〈言葉の意味〉や〈文脈の意味〉を問題にするということは、そのような差別表現を生み出し、何の疑いもなしにそのようなレディ・メードな差別表現によって自己を表現できると考える自己とは何か、その自己を表出させている社会とは何かをつきつめて考えることでなければならない。われわれの内面を支配している文化の本質をとらえ、それをつきくずす新たな文化、差別とたたかう文化を創造していく作業こそ本来的に必要なのである(3)。」

つまり人権を中核とした文化をどのようにうち立てていくかが、地域文化の創造活動を支えるとき大変重要な課題となることは明らかであろう。特に自己の関心領域に重点をおく生涯学習活動を考えるうえではこの点はきわめて大事なことであると言える。生涯学習推進のもと地域でさまざまな文化活動が、生涯学習として扱われるようになれば意図的に人権を重視する学習活動をそこに埋め込まなければならない。その可能性は生涯学習と市民参加の政策にあると考える。なぜなら、生涯学習が市民の社会参画とリンクしていくことで、そこで活動していく人々に必然的に必要な社会認識を獲得することをその社会が迫ることになるからである。そのことは、文化行政を生涯学習行政として総合行政化していけばどうしても避けることのできない課題として現れるのである。この点を深める前に、まず生涯学習が広がった要因を「生涯学習を支える心性」として問うておきたい。

3 生涯学習を支える心性

我が国の生涯学習をどのような「心性」が支えてきたのだろうか。ここではまずその問題に入るまえに生涯学習政策を支えてきた行政の論理を確認しておきたい。一九六五年ユネスコでポール・ラングラン(Lengrand, P.) が提唱した生涯教育がわが国の教育政策の主潮流になるまでおよそ二〇年を有している。その間わが国では「奇跡」の戦後復興を成し遂げ、その経済成長を支える社会システム—終身雇用制度と春闘そして「専業主婦制」を築き上げてきた。終身雇用制度はその企業に就職すると一生涯その職場で働き通す制度であり、したがってどの企業に就職するかがその人の一生に大きく影響するものである。「いい企業」をめざす青年たちは、その目標のために青春時代の多くを受験勉強に割き、過酷な人生を早くから学んでいった。またこのような青年たちを支える保護者たちは、その環境を整えるために努力を強いられていった。その家庭を支える性役割分担は伝統的意識形態を引き継ぎつつ、より「理論化」されていった。外で働く男たちは、その双肩に妻と子どもの生活と将来がかかり、かつて日本が経験したことのない経済成長にともなう物価上昇に見合った賃金獲得のため、ある時は「働き蜂」となり働き、またある時は労働者階級として賃上げ闘争を戦った。そして女たちは、このような子どもと夫のために「家庭」を「守った」。それが「幸福」であり、またそれを支える制度は、不動のシステムのように政権政党である自由民主党の家族政策により守られていったのである。

このような平均的生活様式において子どもに対しての教育は、パウロ・フレイレ（Freire, P.）が規定している「銀行型教育」であり、また内田義彦《うちだよしひこ》が『資本論の世界』のなかで述べている「教育は労働力商品を作ること」(4)そのものであった。本来教育というと子どもの教育以外に当然大人のそれもが視界にはいるべきであるのに、多くの大人たちは関心を示さなかった。それは子ども期の教育があまりにも強く人生を規定するからであり、それゆえわが子に関する「教育」に関心はあってもそれ以外については、その意識と比較にならなかった。それは自らの職場を変える必要がなく、一度身につけた技術や知識で生活を立てることができたからである。女性についてはなおこの傾向は鮮明で、一部の専門職以外は、「寿退職」をして後は「家庭生活」のため、子どもの教育には関心はあっても自己の教育関心は起こりにくかったと言えよう。

社会全体で「豊かさ」を追い求めつつあったわが国の一九六〇年代に、P・ラングランが、変化の激しい社会に積極的に適応していくために個々人の積極的学習を生涯教育として主張しても、それは人々の生活世界に浸透していくには厳しかったのである。「教育とは人間を作ることなのか、それとも労働力商品をつくることなのか」という本質的な問いに日本国民が向かい合うには時を必要としたのである。

財界および行政側は、早くから生涯教育に注目していく。一九七〇年代に入り経済界からは生涯教育についての答申が出されてくるし、官庁側からも生涯教育は注目されていく。ただし、当時の文部省の反応は鈍かった。社会教育関係者に生涯教育が曲がりなりにも注目されるのは、一九七一（昭和四六）年四月社会教育審議会答申が最初である。「生涯教育では、生涯にわたる多様な教育課題に対処する必要があるので、一定期間に限定された学校教育では不十分となり、変化する要求や個人や地域の多様な要求に応ずることが出来る柔軟性に富んだ教育が重要になる」と答申は生涯教育の可能性について述べている。ここでの答申全体の論調は、高度経済成長後の社会変動に対応する教育という「対応型」政策として生涯教育を紹介している程度のものであった。また、この答申の二カ月後に出された中央教育審議会答申「今後における学校教育の総合的な拡充整備のための基本施策について」においても、生涯学習の可能性は記されているが、そこでの論理も前者の水準を超えるものではなかった。

わが国は、一九七二（昭和四七）年オイルショックから高度経済成長の終焉に対し、経済的豊かさを土台とした個人の生活を構想することをめざし、田中角栄《たなかかくえい》内閣による赤字国債の本格的発行による景気刺激策を介して自動車産業を機軸に経済大国化の道を走り続けてきた。この間高度成長の矛盾として地域社会の空洞化が進み、公害などにより地域社会の生活環境が危機的状態を呈していく。後に新全国総合開発計画改訂版として、一九七七（昭和五二）年定住圏構想が策定されたのはこのような背景による。

豊かさの代償として噴出した多くの社会問題は、人々に生活や生き方を考えさせる契機となった。たとえば、地域社会の伝統的連帯感の崩壊は、新しいコミュニティを必要としていたし、そこで主に生活する「住民」であると同時に、仕事人間として働き続ける男のパートナーである多くの女たち（専業主婦）は、女性解放運動の影響もあり自分の社会的地位に疑問を持ち始めた。高度成長期の階級的な労働運動ではない、新しい形の市民運動が芽を吹き始めるのである。公害等による生活圏の破壊は、そこで生活する市民たちに企業活動や生活環境に対する問題意識を形成した。また、高度成長により豊かさを獲得しつつもその具体的成果の生活への反映に疑問をもつ人々が現れた。ボランティアなどの市民参加型活動がほんの少しずつ市民の間に広がり始めていく。

このような社会動向をとらえ、文部省は一九七五（昭和五〇）年以降、女性のボランティア活動の組織化に力を入れていく。生涯学習を支えていく論理は、「婦人」対象として立案されていくボランティア政策とリンクしていく。地域社会の崩壊を具体的に支えていく主体は、その地域で主に生活していく人々に他ならない。だが、男性の多くは一日の大半を会社に吸収され、休日はほとんど横になっている状態である。「亭主元気で留守がいい」という冗談はきわめてリアルな現実を投影したものとなっていた。したがって地域をつくる人は、多くの場合、「専業主婦」たちであった。「経済的自立のない人間が社会参加といっても、それは自分を扶養してくれる人の承認のワク内での社会参加の域を出ない」（山崎とも子）[5]との本質的な批判をよそに、かの女たちは職業を通してではない社会参加の方向を求めた。しかし、いくらボランティアであっても社会参加である以上、それは「他人に有用な価値を生産する」労働であり、そのためには学習・教育訓練を必要とする。文部省報告書は、その点を見逃さなかった。一九七六（昭和五一）年に文部省社会教育局編『奉仕活動に関する婦人教育資料――婦人教育研究委嘱事業報告書』は、次のように記している。「婦人奉仕活動とは、婦人が自由意志に基づいて、社会の進展やひとびとの幸福のために、その能力や技術を提供することであり、このことによって、自らの人間性を高めることである」と報告書は女性のボランティア活動をとらえたうえで、「都市における職場と住居が分離している生活では多くの家庭婦人は居住する地域において昼間人口の大部分を構成しており、奉仕活動を行うことによって地域社会の文化・福祉を推進できる重要な役割を期待されている」と専業主婦をボランティア活動の中心に位置づけていく。そのうえで、彼女たちの学習要求の多様化にも注目しつつ「婦人の奉仕活動とその教育的意義」について以下のように論じている。

「婦人の奉仕活動は、婦人教育とどのようなかかわりをもつかについて考察してみたい。婦人教育は婦人自身の自発的学習要求に基づき、その資質や能力を向上させるために行う各種の学習を教育的に高める活動であると考えられている。婦人が市民として資質を向上するための学習目標は、社会連帯意識を高め、社会参加に寄与することにあるとすれば、婦人の奉仕活動の考え方はまさにこの学習目標に合致するものといえよう。こうした奉仕活動を真に意義あるものとするためにはなによりも学習活動が重視されなくてはならない専門的な知識は技術の学習だけにとどまらず、奉仕活動に関する基本的な問題などの学習を落としてはならない。(6)」

報告書は以上のようにボランティアと学習との関係性を指摘している。ボランティア活動は、それ自体が社会参画であり、それゆえに学習を必要とする。経済成長が終焉したこの時期、「家族をまもる中核」とされてきた多くの「専業主婦」たちが、社会参加を始めてきた。高度経済成長期を通してつくられた性役割分担業を基礎とする個別家族の完成期に、「社会奉仕活動」が始まるのである。しかし、それは同時に彼女にとっても「家庭の中」からの「解放」であった。学習活動はそれをより豊かに保障していく手段と見なされた。

また同時に地域社会の崩壊は、女性たちだけではなくそこで就労している男たちも巻き込み始める。地域社会の特色をいかに打ち出し、地域の衰退をいかに止めるか。この意識は一九七〇代後半から八〇年代にかけて「地方の時代」と呼ばれる潮流を形成する。大分県知事が「一村一品」運動を展開して、焼酎を有名にしたのもこの時期であった。このような変動のなか、人々にとって、社会の動きに対応していくために学習活動が必要となった。それは、学校教育で培われてきたものとは違っていた。学歴（学校歴）として機能する学習ではなく、生活のなかで機能する学習であった。

このように地域活動の中で学習を手段として社会参加していく方途が、市民の中に根ざしつつあった。高度成長によってある程度の豊かさを手にした多くの市民は、この学習を豊かさを実感するものとして受け入れつつあったと言える。中央教育審議会答申「生涯教育について」が出されたのがまさにこの時期であった。わが国に紹介されてから一〇年間、教育行政文書の中で姿を消していた生涯教育が、以上の動きを背景として登場してくる。しかし一九七〇年代初めとは異なり、行政側の生涯学習に対する考え方はともかく、多くの国民の間ではこの新しい教育論を取り入れる環境が整いつつあったのである。

4　生涯学習政策における「文化」の位置

中教審答申「生涯教育について」にはまず教育の意義が以下のように記されている。「人間はその自然的、社会的、文化的環境とのかかわり合いの中で自己を形成していくものであるが、教育は、人間がその生涯を通じて資質・能力を伸ばし、主体的な成長・発達を続けていく上で重要な役割を担っている。現代社会では、我々は、あらゆる年齢層にわたり、学校はもとより、家庭、職場や地域社会における種々の教育機能を通じ、また、各種情報や文化的事象の影響の下に、知識・技術を習得し、情報を培い、心身の健康を保持・増進するなど、自己の形成と生活の向上にと必要な事柄を学ぶのである。」答申はこのように教育に関して規定したうえで、現代社会における生涯教育の有効性とその必要性を以下の四点をあげ強調している。

まず第一点めとして、「社会・経済の急速な変化そのものが、人々に様々な知識・技術等の修得を迫っていること」、第二点めが、「人々の教育的、文化的な要求そのものが増大しつつあること」であり、第三点めが「人々の多様な学習活動を可能ならしめる経済的、社会的な条件が整いつつある」ことであった。そして最後に「人々の個人的な学習上の必要性ないし可能性と並んで、今後我が国が自由な生き生きとした社会を維持し、その一層の発展を図る上からも適切な社会的対応が求められている」としている。一九八一（昭和五六）年の答申は社会の急速な変化が人々の「教育的・文化的要求」の高まりを生産していたことは認識していた。しかし、この答申は「教育的・文化的要求」がどのような質のものなのかに分析のメスを入れない。「地域社会の文化」が教育にとって重要であるとはみていたが、それと生涯教育との関係についての問題意識は乏しい。むしろこのような時代の変化に対応するために、学校教育や家庭教育の機能の充実や「地域教育力の回復」という方向をめざしていた。前述した学習者の社会参画は「高齢者の学習問題」としてしか生涯教育の発想のなかに入っていなかった。いかなる形であれ社会参加を推し進めていく学習は、当然従来型の学習とは異なってくる。しかし答申は従来型の学習を強化する役割を生涯教育に見いだそうとしていた。教育や文化を「国民が享受する」という発想は、豊かさの具体的な受け取りの学習版であった。

ここにおいてはまだ参加・創造の文化活動として生涯教育は位置づいていない。生涯学習が地域政策として根ざす要因は、「人づくり」を通して「村おこし」や「まちづくり」と結びつくことが重要であった。地域の特色を生かした。「生涯教育」がこの人財育成に強く貢献できるという方向性は、八〇年代以降の課題であったのである。

「生涯学習とまちづくり」という主張が、各地で展開されることになるのが一九八五（昭和六〇）年の中曽根臨教審の議論以降である。「戦後日本の教育を総決算する」というかけ声のもと内閣直属の審議会として設置された臨時教育審議会は、一九九〇年代以降の教育改革に大きな影響を残した会議である。この会議は四度の答申を出し、そのうち第二次答申および第四次答申が生涯学習振興策について方向性を提起したものである。第二次答申は「二一世紀に向けての教育の基本的考え方」と「教育の活性化とその信頼を高めるための改革」との二つの柱からなるもので、「生涯教育」が「生涯学習」と変わり、教育体系の改革の中心に捉えられている。そこでの教育改革の中心論議は「人間の評価が形式的な学歴に偏っている状況を改め、どこで学んでも、いつ学んでも、学習成果が適切に評価され、多面的に人間が評価されるように人々の意識を社会的に形成していくことである」と端的に語っているように教育を学校歴獲得競争（受験競争）から切り離して、学校教育体系の肥大化を押さえようとしていた。また最終答申でもこの論調に変化はなく、学校教育が学歴社会の弊害を再生産している点を繰り返し指摘している。この基本路線のもと、最終答申は、生涯学習社会への移行の必然性を「所得水準の向上や自由時間の増大、高齢化社会の進展」と情報化社会への対応、そして「地域社会と家庭の教育機能の変化」に求めていく。答申において生涯学習が掲げる理念の正当性はともかく、実際展開される施策は何か。政策案の提起に乏しい中、生涯学習を基盤にし地域社会を整備していくという発想は注目に値する。

生涯学習の地域的展開を具体的に描いていくとそこには、生涯学習の基盤整備として「生涯学習を進めるまちづくり」という方向がだされている。「生涯学習社会にふさわしい、本格的な学習基盤を整備し、地域特性を生かした魅力ある、活気ある地域づくりを進める。このため、人々が充実した生活を目指して、多様な活動を主体的に行えるよう、まち全体で生涯学習に取り組む体制を全国に整備していく。」「生涯学習を進めるまちづくりは、生涯学習プログラムの開発、自主的な学習活動を活発化する環境づくり、民間施設を含めた各施設の相互利用の促進と各分野の人材の有効活用、人々の多様な学習活動を支える社会生活基盤の整備といった観点をふまえつつ進める。」(7)

以上のように生涯学習を教育改革の中心機軸に捉えつつも、その具体的施策はとなると生涯学習を展開していくための地域の創造であった。それは、答申にもあるように教育・文化・スポーツ施設のインテリジェント化――つまり各施設の連帯強化であった。生涯学習を中心とした教育の再編は、理論的には学校教育の壁を突き崩していくことであるが、現実には文化・スポーツ施設などのさまざまな施設を生涯学習のもとに包摂していくことである。つまり、これはそこで行われている文化活動等総体を生涯学習として認めていくことに他ならない。これによって社会教育の枠内で展開されてきた講座以外の文化活動も生涯学習活動として、地域社会のなかで位置づくことになる。伝統的芸能活動や地域おこしのために企画されたお祭りなどさまざまな活動が学習活動になり、それを行政側から見た場合、その管轄は教育委員会を超えていくことになるのである。当然そこには福祉活動などの地域ボランティアも含まれていった。それはまさに地域文化活動全体が生涯学習と関連していくようなものであった。換言すれば広い意味の文化活動総体が生涯学習として見なされることで、学校教育、社会教育、家庭教育というワクのかかった教育行政関係の溝をふさぐ方向を呈したとも言える。文部省は、この答申以降生涯学習施策としてその基盤整備を強く押し出していく。

一九九〇（平成二）年一月中央教育審議会は「生涯学習の基盤整備について」を答申し、生涯学習についての基本的理解を示した。そこで生涯学習は、「生活の向上、職業能力の向上や、自己の充実を目指し、各人が自発的意思に基づいて行うことを基本とするもの」であり、「必要に応じ、可能な限り自己に適した手段及び方法を自ら選びながら生涯を通じて行うものであること」としたうえで、生涯学習の範囲を「生涯学習は、学校や社会の中で意図的、組織的学習活動として行われるだけでなく、人々のスポーツ活動、文化活動、趣味、レクリエーション活動、ボランティア活動の中でも行われるものであること」と記している。生涯学習政策としては、この答申以降、地域で展開されている学習活動を内包した住民文化活動が、すべて生涯学習として理解されることになる。この答申の四カ月後に制定される「生涯学習の振興のための施策の推進体制等の整備に関する法律」（いわゆる生涯学習振興法）においても、この考え方は共通している。したがって「生涯学習とは何か」という規定が法律にないために、行政側は法の制定過程で学識者をはじめ多くの関係者の批判を受けたにもかかわらず、政策立案者がその規定を明記できなかったのは、広義の意味での「文化活動」とほぼ同義であったからと考えられる。宮原誠一教育論を「教育」と「学習」に置き換えて援用すれば、地域社会の関係を創造する活動には必ず学習活動的要素が含まれるとなる。このようにさまざまな領域で展開する活動を、組織的意図的活動としてワクをかけたところから学校教育も社会教育も成立している。家庭教育も同様であろう。それ以外でさまざまな地域社会のなかで伝統的に受け継がれてきた活動は、地域文化として扱われてきた。その活動において参加者にどのような教育的効果・学習効果があるかを検証することは教育学研究の課題ではあっても、それ自体を教育組織として理解していくには少し議論が必要であった。しかし、「生涯学習」の考え方は、この点を打開した。この思考はすべての組織や活動に必ず付属する学習効果の側面を生涯学習としてとらえていくのである。そうなれば文化活動は生涯学習とほぼ同義とならざるをえなくなるのである。(8)

このことは政策的に見ると何を意味しているのか。理論的にはそれは、狭義の意味での文化活動が生涯学習政策の対象となるだけではなく、慣習、習俗など広義の文化をも巻き込んで、政策が具体的に動いていくということになる。したがって政策を立案していく行政側とすれば、このような広範囲な学習活動に理念を与えて、その内容を膨らましていくより、「外的条件整備」に徹することで政策浸透の効果を期待せざるをえない。「生涯学習振興法」以後の政策は、まさにこの条件整備を地域社会で如何に展開するかを中核として立案されていった。そして、それは教育や文化などの地域の個別政策を総合政策へと統一していく過程でもあった。そしてその過程は、地域住民の地域政策への参画を内包していくことでもあり、同時に住民たちにも「新しい社会認識」を求めるものでもあった。

5　生涯学習政策の限界と可能性

「生涯学習振興法」の成立を契機として生涯学習機会の整備は、地域住民の地域社会への参加意識を高めていくことが中心となる。これは、高齢化社会に対して、福祉ボランティアなどの活動の広がりやまちづくり活動ともリンクしつつ、そのための学習活動を支援する形で広がっていった。また、公民館が主催する講座等の中で趣味・娯楽的要素の強かったものが、村おこしやまちづくりのための文化活動と結びつき、あらためて評価されるようになる。趣味・娯楽的学習を高齢化社会に適応する形で「生き甲斐」等の付加価値をつけることで生涯学習活動へと取り込んでいく方途は、先述した政策の具体的展開過程でもある。また、個々人の学習要求に基づいた情報提供も旧来の講座型学習を補完しつつ地域に根ざしていった。このような学習環境整備の中で、学習者たちがその成果を社会的に還元していくため社会参加の方途を展望し始めてきた。また政策側も学習の成果をどのように評価するのかが問題となりつつあった。狭い意味でのボランティアならそれほど資格や技術は問われることが少ないにしても、学習した市民の活動領域が広がりを持ってくると学習課題を含めただ単に条件整備を重点化するだけではすまなくなる。それは、さまざまな学習者の社会参加に関する認識の問題でもある。

一九九二（平成四）年生涯学習審議会答申「今後の社会動向に対応した生涯学習の振興策について」にこの問題点を読み取ることができる。そこでは「生涯学習は、生活の向上、職業上の能力の向上や自己の充実を目指して行われることが多いが、学んだ知識・技術を発表したり、他人に教えたり、それを生かして社会に貢献したいと考えることは極めて自然なことである」としたうえで「学習成果を職場、地域や社会において生かすことのできる機会や場の確保」の必要性を指摘している。だが、この答申はここでとどまらない。前述したように社会参加を強調すれば、当然その学習者の社会認識が問われるようになる。言い換えれば変化の激しい現代社会に学習成果を還元すべく参加しても、最低限その社会がいかなる問題を有した社会であるのかを理解しておく必要がある。そうでなければ生涯学習で得た学習成果の有効な社会還元は期待できない。この答申は、「当面重点を置いて取り組むべき四つの課題」の筆頭項目に「現代的課題に関する学習機会の充実について」を置いているのである。「今日の我が国の社会は……急激な変化を遂げつつある。そのことが人間の生き方、価値観、行動様式を変化させ、従来の生き方、価値観、行動様式が時代の要請にそぐわなくなっている」との現状認識を示したうえで、具体的な学習課題をあげているのである。それは、国際化であり、環境問題であり、人権など現代社会が直面している問題である。ただ答申は、その個別課題を網羅的に列挙しているにすぎない。しかし、生涯学習は本来個々人の内発的問題関心にそって展開されるものとしつつも、それが文化行政と同一化しそのエリアを広げつつ、成果を地域社会への還元としてもちだすことになったとき、政策側が、学習内容を現代的課題と限定して提起せねばならなくなった点は注目に値する。この一見矛盾した政策展開は、何を意味しているのか。それは文化行政一般を生涯学習として包摂し、文化的活動等により形成されるさまざまな住民の活力を地域社会の再生に活用しようとしていくとき、新しい社会の基本的方向性を備えた市民でなければ地域形成の主体となりえないことを証明していると考えられる。つまり、自由な主体とはいいつつも、人権問題等さまざまな社会問題が存在する地域社会で文化活動等の成果をもとに社会参画していくために基礎的条件があるということであろう。それが現代社会に対する認識であり、答申の羅列した「課題」であると観ることができよう。問題はこのような羅列的課題をどのような視角からとらえるかであろう。

これには、一九九七年ハンブルクで行われたユネスコ第五回国際成人会議「ハンブルク宣言」の提起した論理が参考となると考える。「人権を十分に尊重する人間性中心の参加型社会のみが、持続可能な均等のとれた発展を導くこと」とその宣言は冒頭で述べている。これを逆さに読むと「人権を尊重しない社会には持続可能な発展はない」ということを強く警告した宣言であり、今日の生涯学習を中心にした文化政策にたいして批判的視座を提供している。この論理を援用すれば、先ほどの現代的課題も「人権を尊重した参加型社会」を創造する文化活動を支援していく課題が、すべての課題の基礎となろう。日本の伝統文化を生かしつつ人権を重要視する視点を組み込んだ生涯学習が創造できるかどうかが、生涯学習を主柱に組み込んだ総合文化政策が成功するかどうかが鍵となると考える。

註　記

(1) 波多野完治『生涯教育論』小学館、一九七二年、持田栄一編『生涯教育論——その構想と批判』明治図書出版、一九七一年等参照。
(2) 今村仁司『排除の構造』青土社、一九八九年参照。
(3) 八木晃介『現代差別イデオロギー批判』批評社、一九八四年、三三九〜三四〇頁。
(4) 内田義彦『資本論の世界』岩波新書、一九六六年。
(5)「『社会参加』を考える」『毎日新聞』一九七六年一一月七日付。千野陽一編『現代日本女性の主体形成』第七巻、ドメス出版、一九九六年、四七頁より重引。
(6) 千野陽一編、前掲書、六〇〜六三頁より重引。
(7) なおこの「まちづくり」施策は、「生涯学習市町村モデル事業」として各地域で展開されていく。このような先行施策が各地域に展開されてはじめて具体的な生涯学習施策が描けるようになっていった。なおこの点については相庭和彦『生涯学習から地域教育政策へ』明石書店、一九九九年、八七〜一〇〇頁を参照。
(8) 生涯学習政策と文化政策の関係を、学習と文化の関係に置き換え、その間にコミュニケーション概念を組み込むことで、両者の関係を説明しようとした研究に、中川幾郎『分権時代の自治体文化政策』(勁草書房、二〇〇一年)がある。広く文化概念等検討したうえで、従来の文化行政を学習者の視点を組み込むことで広く総合文化行政として組み立てていこうという興味深い研究である。本論ではこの点について踏み込むことができなかった。今後の課題にしたい。

第五章　グローバル化社会における「伝統文化」と生涯学習

――「伝統文化の継承」とグローバリゼイションの関係性――

はじめに

本章は、東アジアで進展しつつあるグローバリゼイションがもたらす諸問題に対して生涯学習論的視点のアプローチ方法がどのように可能であるかを主題とするものである。鳩山由紀夫《はとやまゆきお》政権時代「東アジア共同体構想」が打ち出されていたにもかかわらず、特に日本と中国、韓国の三カ国は、現在国民的感情レベルではとてもその構想が実現していく過程に入っているとは見えない。経済的関係や軍事的緊張関係、あるいは国民相互の価値意識のずれなど相違ばかりがマスコミなどで放送され、海洋資源を巡る領海問題等の対立点が全面に出ている。本論ではこのような緊張・対立を起こしやすい東アジアの関係調整をしていく方策について生涯学習論的視点の有効性を論じてみようというものである。

現在韓国や中国の文化政策動向は伝統的文化に力点が置かれ、伝統的思考形態が前面に出てきている。二〇〇八年中国が北京オリンピックの開会式で世界に披露したものは、中国の伝統を強く意識していた内容であったし、上海万博においても中国館のデザインは歴史伝統そのものである。韓国に注目すると、近年アジアのハブ空港として躍り出たインチョン国際空港は、韓国伝統文化を利用者につたえる教育・学習施設を備えているのが現状である。このようにグローバル化しつつありながら同時に伝統文化を全面に展開してくる東アジアの国の現状に注目し、まず生涯学習論的視点でグローバリゼイションの影響をいかに理解するのかということから論じることを始めたい。

1　グローバリゼイションを捉える生涯学習論的視点

「冷戦構造の終焉」という言葉すら古くさく聞こえる現在は、資本主義の一人勝ちの様相を帯び、地球的規模で市場の統一が図られようとしている。グローバリゼイションという現象は、この市場を原動力とし、地球上に存在する様々な現象を一元的基準に押し込めようとする運動と見ることができる。これは国民国家の枠組みを市場が崩し始め、従来国家内である程度統治できていた経済政策を基本的には不可能とし、そこで生活をしている人々に他の国との関係性を強く意識させるという現実を生んでいる。グローバリゼイションの学問的規定は様々な分野で行われている(1)。ここでは、時代的には冷戦崩壊後、資本の世界的流通経路が社会主義体制という、相反する体制に規制されなくなった時代以降として理解し、資本の流動、人の流動、そしてその流動化を保障する情報ネットワークの急速な発展、およびその結果国家を超えて情報の共有化が急速に可能となる現象として理解しておきたい。

以上の規定を踏まえた上で、今日東アジアに注目すると、日本と中国そして韓国は同じ儒教文化圏に位置しながらもこの関係においては、ヨーロッパの国々がとってきた国家間統合の流れと比較すると、とてもヨーロッパ型モデルで東アジアの未来を展望できる可能性を見いだし得ない現状がある。しかし、「市場の拡張」に注目すると三国相互間の政治的・文化的理解の進展より、明らかに早く同一市場化している。中国―韓国―日本の人的交流は政治体制の違いを超え驚くべき速度で多くなってきている。二〇一六年一月期で四七万人を超える中国人観光客が日本を訪問し、トヨタ、日産、ホンダ等の日本を代表する自動車産業などは中国市場に大きく期待している。実際東アジアにおける市場は、政治的民主主義を共有する時間的余裕のないまま人的交流へと拡大している。これは日本韓国・日本中国関係だけでなく、韓国中国との関係も同様である。だが、ここでいう人的交流とは、友情あるいは相互理解またはおのおの自国の経済的発展を基本目的とした相互の経済成長戦略への取り組みというべきものである。確かに国家の相互関係は経済的関係を第一義的に考え、軍事という「暴力」を背景に、自己に有利な市場を他国の中に拡張してきた。今日東アジアの経済的発展は海洋資源への権益を巡り緊張関係は存在する。だがこの関係を力による解決へと向かわせたとしたら、それに対する代償は限りなく高いことになる。日本と中国との関係、日本と韓国との関係は多少の政治的すれ違いはともかく、軍事的緊張はどちらにとっても利益がない関係になってしまっているといえる。しかし、尖閣諸島問題や竹島問題などの政府の対応やそれに対する野党やマスコミの反応は、いま東アジアが実際どのような問題になっているのかを十分理解した対応とは言い難い。具体的な問題は、それぞれの専門家にゆだねたいが、このような問題を考える上で、中国や韓国の伝統文化に対する理解が日本社会の中で十分深められていないように見える。

グローバル化が進めば、我々は自国以外の人と交流を持たねばならなくなる。この点はそう議論はなかろう。経済的な利害関係が絡む関係は、人間同士の摩擦を生む。それを「解決する」あるいは「摩擦をできるだけ回避していく」ためには、お互いの国の政治体制はもちろんのこと、お互いの国の国民の思考形態・様式を理解していくことがきわめて重要である。お互い相手国の思考様式をどのように理解していくのか。この問題への学問的アプローチとして教育学の研究方法は有効である。そのことについて以下簡単に述べていこう。

人間の思考形態は、個々人がその成長過程で目的意識的に教育されて、あるいは無意図的教育力に形成されて身につけていく。これはかつて社会教育学研究のリーダーであった宮原誠一《みやはらせいいち》が、教育を規定するとき「目的意識的働きかけ」と「無目的形成力」の二つのとらえ方を指摘したものである(2)。この指摘に従うと、教育の社会的影響力を考察する場合、学校などの教育で展開されている教育の方向性の検証、つまり「どのような人間像を社会の多くの人々が望んでいるのか」ということと、同時に「社会の中に存在する教育力がそこで生活する人をどのような人間として形成しているのか」という両方向から検討する必要があることになる。

人格形成において注目しなければならないことの一つが、後者の影響力の大きさである。それは目的意識的に働きかけるよりも、各個人の内発的学習力に訴える力があるからである。ある社会の伝統的慣習や秩序意識あるいは礼儀作法などを無意図的に学習していく。その社会の中で生活していくだけならこの形成力およびその結果は、さほど問題にならない。これがはっきりするのが、異文化との出会いの場である。自分の生活してきた国や地域で当然と考えられたことが違うとき、われわれは生活が違うなと考える。

たとえば、われわれの日常生活で食事の場面を例に挙げてみよう。日本ではご飯を食べるときに茶碗を利用する。右利きの日本人がご飯を食べるとき、左手に茶碗、右手に箸を持って食べる。このときに茶碗をテーブルにおいたまま、ご飯を箸で「つまみ」ながらで食べたら、それは「行儀が悪い」と注意を受けるであろう。これが韓国の場合はまったく逆さまになる。茶碗をもって食べることが「行儀が悪い」のである。中国と日本の場合を看てみよう。日本の場合、客人として人を招くとき、料理の量は食べきれるように配慮して提供される。だから招かれた時は、なるべく完食する。そうでないとその料理が気に入らないと思われるからだ。「美味しかった」あるいは「満足した」とは完食したこととほぼ同値である。ところが中国の伝統的方法は、食べきれない分量の料理を出す。もちろん料理の質が低いわけではない。客人にもし完食されると「まだ食べたりなかった」と思われることを心配するのである。このような生活文化が大きく違う社会で生活してくると、そこで身につく価値意識や秩序あるいはもののとらえ方が違ってくるのだ。この違いを生み出すのが社会の教育力（「無目的形成力」）というものである。日常生活での食文化がこのように違うことを理解しない人同士が、もし交流をしたら当然うまくいくはずがない。この相違をいかに理解していくのかがグローバリゼイションの時代の教育的課題であると言っても過言ではない。

他国の人と出会うときわれわれは必ず言葉の相違を意識する。日本語で話しても日本語を知らない他国の人には、話している内容が理解できない。国際化は言語である。これは誰でもわかる常識であるが、一歩踏み込んで「言葉が分かるとその国や文化が分かるのか」ということこの問題は少し複雑になる。中国と日本を見てみよう。確かに日本語と中国語は違う。しかし、同じ漢字を使うから書いたものなら、高等学校レベルの漢文知識で読むことはある程度可能である。その上同じ儒教圏にいるのだからキリスト教圏よりは理解しやすいと考えがちであるが、しかし、両国民の間の文化理解となると距離がある。「言語とはその社会の論理である」(3)と指摘されているように、言語＝コミュニケーション理解は相互の社会理解なのである。言い換えると実は相互理解ができていないとは、社会の論理が理解できていないことなのである。その社会の論理は伝統的文化に強く規制されて構成されていることを考えれば、相互理解とは伝統文化の相互理解ということになるのだ。日中関係は近年まで「近くて、遠い国」と言われてきたように両国民にあまり深まっていなかった。日本側から看ると中国の国内の生活の論理が見えにくいのである。つまり中国文化の基本である民衆の生活論理を理解する方法を十分にもたなかったと言える。それゆえにこの点をいかに解決していくかが課題となる。

2 伝統文化の生涯学習的意味

伝統文化の教育的意味について少し考えると、相互理解が伝統文化を介しての理解となることがわかる。伝統文化の生涯学習的意義は以下の三点になる。第一点目は、伝統文化が持つローカル・アイデンティティ形成に対する影響力である。第二点目が地域社会の規範意識・秩序意識の形成である。第三点目が地域社会への帰属意識形成の問題である。

生涯学習政策が地域政策として注目を集めたのは、一九八〇年代後半以降で、地域社会の復興に生涯学習を位置づけようとする政策の一つとして始まる。それは、二一世紀の日本の教育政策全体を形づくろうと中曽根《なかそね》康弘《やすひろ》内閣当時に設置された臨時教育審議会(一九八四~八七年)の答申からであった。地域復興政策は、大都市集中型の影響から都市から距離のある地域の過疎化が進み地域全体の活力が低下していく現実に対して、歯止めをかけるものとして展開していく。その過程で注目されたものが、「焼酎」「そば」などの地域の特産品であり、「祭り」など伝統文化活動であった。前者は特産品をつくってそれで地域おこしを展開するという構図であったが、それは特産品を出荷する都市の消費欲望に過疎の地域復興をゆだねるというもので、期待するほどの効果が上がらない。そこで地域の伝統文化復興を狙うことになる。そこで注目されるのが「人材の養成」であった。生涯学習はこの点を積極的に担う政策であった。地域の祭りや伝統芸能の継承はその学習の場と機会がなければできない。生涯学習はこれらを提供するのにふさわしかった。生涯学習施策の具体的な展開は「ふるさと発見」など地域に根ざした事業として展開された。そしてこの伝統的活動の結果、何が生み出されたのか。参加した人々のローカル・アイデンティティの形成であったと言える。地域社会で生活しつつも地域を見いだせず生活している人々が、地域の特色をとらえていく学習は自分自身の自己形成をとらえ返す試みと結びつきやすい。沖縄県南風原町《はえばるちょう》の例を挙げてみよう。南風原町では南風原文化センターの館長が音頭をとり、綱引きを復活させる。その活動は綱をつくることから始まり、綱引き当日は夜遅くまで町民みんなが参加し活動を盛り上げる。そこで育てられるものが「私たちの町と私」の意識である(4)。

第二に規範意識・秩序意識の形成である。伝統文化を学習することはその既存の作法を学習することから始まる。これを具体的に考えてみよう。生け花あるいはお茶、将棋などは伝統文化の一つである。ここでお茶を学習するとしよう。まず師匠に教わる。これが日本での学習の型である。そのとき挨拶をして、座布団に正座をする。この形式を認めないと学習が始まらない。師と弟子との関係は対等な平等な関係を否定して初めて成立し、学習が始まる。そして学習を進めていき高い技術を獲得してもその技術に見合った行動規範が求められる。これは日本の伝統的スポーツである相撲界の朝青龍問題を想起すれば分かるであろう。また地域に伝わる祭りや芸能などもこの形から入って継承されていく場合が多いのである。この形が規範意識などを培う教育的効果を有するのである。このように、伝統文化活動はその社会の規範意識・秩序意識を形成する特色を持っているのだ。

だがここで、伝統文化を行政が復活させることに力点を置くと問題が生じる。この点を狭義な視点で捉えると、それは国家の秩序維持＝支配イデオロギーと見なすこともできるからである。実はこの点が伝統文化を取り扱う上でもっともやっかいな問題でもある。地域社会に根ざす伝統的活動の復活という場合多くは「祭り」などである場合が多い。それは必ず神社などとの結びつきが強く、復古主義的思想を払うことができない。また権威に従うという形式はその延長線上に天皇が存在する。「祭り」などはその形式自体がはっきりしている。神輿を中心にそこに人が集まる。神輿は神社から出てくるのである。その延長線上がどこに行き着くかをたどるとはっきりしている。つまり日本伝統文化活動は、歴史伝統化していないで、二一世紀の現代でも政治的権威なのである。日本の伝統文化を国民が面白おかしく論じることが今できない状態なのだ。これは後に述べるが、中国・韓国を、伝統文化を手掛かりにして理解していく上で大きな違いになる。

第三点目が、地域社会への帰属意識をつくるという点である。地域社会の伝統文化は、多くの場合その活動の継承者が地域の中心的人材である。したがって若者たちが伝統的活動に参加することは、地域社会から認められることであると同時に、地域社会への帰属意識を形成する機会となる。地域が過疎化、あるいは過密化しそこで生活している実感が希薄化した点は現在日本社会のもつ問題である。これに対しての答えは、本来この地域にどのような活動があったのかということがもっとわかりやすい。伝統への注目であり、その学習をする児童たちが自己の地域への帰属意識を形成していると言えるのである。

以上のような三点から伝統文化の教育的要素を見つめると、次にこのような環境による教育力がどのような人間形成をする可能性があるかが問われることになる。ここでこの文化の教育力の完成体として人間を、その国民性―大きく看ると文化に対する態度、伝統に対する態度などから考えることが可能となろう。実は生涯学習の視点から伝統文化活動への注目がなされているという現象を見つめるとは、この国民性への再注目に他ならないのである。

3　グローバリゼイションと伝統文化の教育

以上のように伝統文化の教育力を看てくると、グローバル化の波がアジア諸国を覆いつつあるときに伝統文化が注目されるようになるとは、他国との接点が増えれば増えるほど自国認識を必要とする動きとなることを意味している。反グローバルな市民運動はその国の伝統を守ろうとする傾向を強めるが、それは自国の文化圏のなかで形成されるローカル・アイデンティティを守ろうとする動きを意味していると言える。人的移動が多くなることはグローバル化の大きな特色である。この動きに巻き込まれていくと、人は地域から切り離され自分のアイデンティティを見失う可能性を持つ。また様々な価値意識が国家の境を超えて流れ込んでくる。この価値意識の地域社会への浸透を助けるものが、市場の人間形成力である。カール・ポランニーは、市場が社会を支配し始めるとそこで生活する人間は自己の本質を利己的な人間として理解し、その人間は自分の労働意欲が飢饉への恐怖から現れ、そして「欲望」こそ人間の基礎であると理解してくると指摘した(5)。ポランニーの指摘がすべて正しいとは言えないが、グローバル化していく社会の過程を見ていくとかなりの部分があてはまる。今まである程度の共同性を維持しつつ生活してきた社会に対して、市場は資本主義的欲望を全面におしだし、その社会に存続する文化・文化生産物を統一基準ではかろうとする。それは、他の社会（市場）の基準と比較可能性をつくることであった。その基準は「自分のもっている「生活（文化）の価値」は、他の国・地域のそれと比較して上なのか、それとも下なのか、どうなのか？」という縦の基準をつくる。そして、社会で継承されてきた伝統文化が「生産物」として扱われるとその基準は「欲望」により支えられる。つまりその地域で長く継承されてきた活動と新しく入ってきた「基準」が欲望を媒介として逆さまになってくる。しかし同時にこの変化は人々に「自由」と「平等」をもたらす。これが市場の理念だからである。この市場社会においてわれわれは自己形成を続ける。

このような市場の人間形成力に対して伝統文化を位置づけることの意味は、明らかであろう。生活の基準が単一化することに対して、「生活」そのものを守るということである。伝統を守ることではない。生活を守ることが意味することは、市場化していく中で自己を見失い、社会が持っていた秩序意識形成機能を脆弱化し、新しい世代の地域に対する帰属意識を消失させる動きに対して、新たなローカル・アイデンティティを培い、社会の教育力を作り直し、そこで生活する人々に参加者意識を形成することであるといえる。このようなローカル・アイデンティティの形式を目指した活動を支える学習方策ともいうべきものが、伝統文化の復興なのである。先述したように伝統文化の人間形成力は、グローバル化に対してその対局を構成する可能性がある。アイデンティティを失いかけた人に、その根拠を示すことは、もっとも受け入れられやすいことだ。だから原理的に看るとグローバル化が進むとその影響を少しでも回避すべく、伝統文化活動などへの期待がふくらむのである。

ただこの期待は完全には実現しない。伝統文化を学習したからと言ってグローバル化以前の社会意識に人が戻ることはないのである。個人の意識は市場化の波を経験する前と後では、まったく異なってしまうのである。繰り返しになるが、市場化していくと言うことは、その社会が民主主義化していくことと同じことを意味する。民主主義が個人の尊厳を中核に置くとは、個人の様々な欲望―将来への希望、財産への欲求、社会的自己実現などなど―を社会的権力が妨げないこと、同時にその社会に参加して建設していくという権利が社会構成員すべてに認められていることを意味する。[7] この一見矛盾する側面は、市場が成長・展開していくためには社会（共同体）を必要とすることの表れでもある。そのようなグローバル化社会のなかで自己形成をした個人が伝統文化を学習して、失いかけたアイデンティティを獲得しても元の形をしていない。新しい性質のものなのだ。

東アジアの三カ国の相互理解という側面からこれをとらえてみよう。グローバル化の波を急激にうけ、「成長した」国家・地域ほどこの影響は大きい。この点を三カ国の中でももっとも「成長」が著しい中国の例で看てみよう。

一九七九年以来中国は鄧小平《とうしょうへい》の「四つの近代化」政策により、「社会主義市場経済」を実行してきた。その結果、市場社会を中核に据えた発展に対して必然であるも学生を中心とした「民主化運動」＝一九八九年天安門事件に直面する。それ以降、江沢民《こうたくみん》指導のもと愛国教育を展開し、青年たちの中華人民共和国への帰属意識を獲得しようとしてきた。その教育内容は中華人民共和国の「建国の歴史」であり、それは中国共産党の抗日戦争勝利への歴史であった。だから、九〇年代以降その教育を受けた青年たちの中国への思いは「反日」という形で表現される。しかし、この表現形態には限界がある。いくら「反日」を叫んでも、市場により覆される共同性は再建できない。グローバル化という波は中国の社会が有していた共同性を「変革」しているのであり、日本軍国主義の亡霊が出て暴れているわけではないのだ。現代中国の伝統文化の再評価は、このような状況下で行われつつある。

二〇〇八年オリンピックを契機としてアジアの中で世界的地位を得るため中国の伝統文化が注目され始めている。伝統・伝承文化とは中華人民共和国の歴史より深く(当然)、多くの中国人の意識に共感するものである。文化大革命の時代では粉砕の対象となったものが、グローバル化したアジアに地位を築くために注目され始めた。市場の興隆により革命の中で築き上げてきた共産党を主軸とする「共同性」が、危機に追い込まれたときに、新たに伝統文化が注目され始めているのである。五三の多民族国家としての中国人のアイデンティティをどこに求めているのか。グローバル化した中国社会をつくっていく上で、愛国教育を否定するわけではないが、反日にそれを求めても、それは抗日戦争期であれば意味があるものの、グローバル化市場を形成している中国が世界で重要な位置を占める手段とするには無理がある。今後、中国は自国の伝統文化の中にアジアとの共生を求める思考を見いだすことになるだろうと考えられる。このような中国を巻き込み、グローバル化していく「東アジア共同体」はいかに構想されているだろうか。次に伝統文化と国際交流の深化について生涯学習的視点から見てみたい。

4 東アジアのグローバル化と生涯学習

各々の地域で生活する人のアイデンティティや秩序意識、社会への帰属意識がその社会の形成力によって培われるとなると、その人は形成力の集合体であるとも看ることができる。やや古い言い方をすると「人間は社会的諸関係のアンサンブル」(カール＝マルクス)であると言える。このように人間形成をとらえると、人間同士の関係を理解することは、当事者同士が形成されてきた生活・文化を理解しようとする他者の理解を必要とすることなのである。「どのような生活習慣のなかで成長してきたのか」、また、そこでは「どのような秩序意識を身につけているのか」、そして「その人が意思決定をするとき何を基準とするのか」などである。その生活環境は当然歴史的文化的要因に規定されるから、その規定を色濃く反映するのが伝統文化ということになる。だから伝統文化の伝承・継承過程の研究は、その地域住民の主体形成の過程でもある。それを相互に理解していくこと、つまり相手の自己形成過程、その背後にある伝統文化を自己のそれと比較していくことではじめて相手の考え方を総体として理解することが可能となるのである。

東アジアより先に地域間統合を進めてきたヨーロッパ諸国は、相互理解の過程を教育の過程そのものととらえている。一九九二年マーストリヒト条約が署名されて翌年EUが設立され、四・八億人の人口を抱える市場が生まれた。そこでは、地域間流動に伴う様々な問題を教育の視点から解決しようとソクラテス計画（第一次一九九五～二〇〇〇年、第二次二〇〇〇年～二〇〇六年）が立案され、EUの中の大学生八〇〇万人のうち四〇％を交換させようと試みてきた。そもそもEU統合の過程で注目されることは、このEUをもっとも進んだ知的社会として進展させ、競争力のある豊かな地域として成長させようとした方策の重要な柱として教育＝生涯学習を位置づけていることである。またそれは、学生間交流を推進し、高等教育を受けた質的に高い、そして格差のない人材を養成しようという教育計画を展望することで国家間統合をすすめるという性格のものでもあると言える。[8] その過程は当然相互理解を前提としての統合であり、それゆえにEU加盟国の文化・伝統は尊重されている。

東アジアはどうだろうか。中国社会の高度成長については言及したが、日本社会のグローバル化についいてはどうだろうか。グローバル化の受け皿として相互理解としての自己を客観的にとらえることができているのだろうか。日本の文化とは何か。どのような歴史性を有しているのか。ルーズ＝ベネディクトがなぜ太平洋戦争中に敵国を調査し、『菊と刀』を書いたのか。それは日本文化を理解しなければならない課題があったからである。現代、日本において伝統文化を理解しなければならない要因はどこにあるかを問うてみると、それは東アジアの激動が日本人一人一人の生活に直接大きな影響を与える可能性を秘めているからである。生涯学習活動が伝統文化に注目していく大きな理由は、「地域の再発見」あるいは「地域社会への愛情」などと指摘されるが、実はそうではなく、他文化を理解していく上で避けて通ることができないからである。この点にこそ注目される学習方法があるのである。自分の文化を理解していくことは他人の文化を理解していくことと同じ意味を持っている。社会教育の活動で自分史学習という学習活動がある。今までの自己を振り返ることで現在ある自己を理解する。同様にこの学習を転用することで他者を理解することができるのである。自分が育った社会の伝統文化を理解していく方法は、他者が育った社会の文化理解の方法に転化することができるのだ。これを逆さに看ると他者の文化が理解できないと自己の文化が理解できないことにつながるのである。この相互理解で重要なことは、違った伝統文化は、違った価値観を有した人間を形成するということである。

政治家の言説に「共通の価値観を有する国家との対話は可能であるが、有しない国家との対話は難しい」との指摘がよく登場する。しかし、今まで述べてきたような視点から見るとこの論理では日本国はどこの国とも相互理解が不可能であるという結論になるのだ。そもそも伝統文化が異なる地域で育った人間同士は共通の価値観など持ち得ない。だから対話、つまり相手の社会の論理を理解した上で相互理解を進める必要があるのである。つまり東アジア地域に焦点化した場合、中国社会の論理を理解する視点と方法を提示していくことこそ大事な点である。だが、日本社会はこの点が弱い。「日本を単一民族国家である」など政治家の事実と異なる発言に象徴されるように、絶えず「同じ」であることを強調してきた。歴史的には沖縄の統治方法に関して大和語を強要したし、同じことを朝鮮半島および台湾の植民地支配政策でも展開してきた。他民族・他文化を政策として尊重すると言う経験に乏しかった。それに加え、近代化の過程において、日本国内において、中国・朝鮮人への差別意識を積極的に作り出し、それを対アジア政策に活用してきた。そのために、欧米キリスト教文化を受容するときと異なり、アジア文化を受け入れるときの学習心理がゆがんでしまった。言い換えるとアジアと欧米をフラットにとらえられないのだ。その結果、グローバル化した東アジアの現実を十分にとらえきることができないでいる意識を有する多くの日本人を作り出してしまっているのだ。

差別の問題としてこの意識を問題とした尹健次《ユンコンチャ》は、差別・被差別の関係において、当然被差別者の方が被害は大きいが差別を維持しつづける差別する側の方がより深刻な結果を生むという論を展開している。(9) 東アジアのグローベル化の課題として、この問題が日本人の側に大きくのしかかっていると言える。日本で伝統文化の重要性を論ずる場合、「保守側」にたつ場合が多く、日本文化のアジアにおける優位性を見いだそうとする論理が多い。確かにアイデンティティを形成する中心的要因である文化を論じるのだからそこに「優位性」を見いだそうとすることは理解できる。しかし、日本社会はその優位性を差別へと傾斜しかねない歴史的に造られた要因を抱えているのである。他国を排他的論理＝差別でおとしめて、自国文化を創り出すことはできない。差別はそれを抱え込んだ国家の前途を危うくさせるのである。(10) この問題はそう易しいことではない。二〇一〇年九月日本社会教育学会ラウンドテーブルで沖縄南風原文化センター大城和喜前館長の指摘ではないが、地域のアイデンティティは、「我こそが一番だ〜〜。」との意識があって初めて造られる。この意識の形成を国家に吸収され、排他的ナショナリズムに転化されることのない構造にしていく過程が東アジアの平和と安定を獲得し、発展していく歴史的道程ではないか考えられるのである。

おわりに

日本における生涯学習施策はこの困難な課題を克服していくためのロードマップをどのように描いていくのか。日本社会の将来像はこのことを焦点として展望される必要がある。現在、この問題は「伝統文化の学習」のなかに内在する可能性を探っていくしかないように見える。地域社会に根ざした伝統文化を国際比較の視点からとらえ直し、「地域社会の活性化」、「地域社会への誇り」そしてその延長線上にグローバル化した東アジアの平和と安定を描き出す。この学習構造の構築こそ生涯学習が「グローバリゼイション」という歴史現実から突きつけられた課題であると言えよう。この課題の解決糸口が見いだせて、「東アジア共同体構想」は実現可能性を持つと考えられる。

註記

(1)「グローバリゼイション」をどのように理解するかについては、その性質と時代区分について多く議論が存在する。正村俊之はグローバリゼイションの時代区分についての見解を①「新自由主義が台頭し、情報化が進展する一九七〇年代以降に始まる」②「近代の開幕とされる一六世紀に求める見方」③「もっとも広い意味で解するならば、グローバリゼイションは近代以前から始まっている」と分類している。正木自身は「グローバリゼイションを近代以降との過程と考えたい。（②の見方）というのも、近代以前と近代以降では、グローバリゼイションのあり方に質的な違いが見られるからである」としているが、本章では正木の指摘を継承しつつも、この質的変化を「冷戦構造の崩壊期」として看て扱いたい。（正木俊之『グローバルゼイション―現代はいかなる時代なのか―』有斐閣、二〇〇九年、二〜三頁）

（2）宮原誠一「教育本質論」『宮原誠一教育学作集』第七巻（青木書店、一九七七年）参照。

（3）本多勝一『実戦・日本語の作文技術』（朝日新聞社、一九九四年）参照。

（4）渡邊洋子「伝統芸能という共有知とローカル・アイデンティティの可能性―沖縄県島尻郡南風原町の民俗芸能復活の取り組みを手がかりに―」日本社会教育学会編『〈ローカルな知の可能性〉もう一つの生涯学習を求めて』（東洋館出版社、二〇〇八年）参照。

（5）カール・ポランニー『経済の文明史』（玉野井芳郎　平野健一郎編訳、ちくま学芸文庫、二〇〇三年）「第一部　第二章時代遅れの市場志向」参照。

（6）「市場」と「欲望」の関係性については佐伯啓思・松原隆一郎『〈新しい市場社会〉の構想――信頼と構成の経済社会像』（新世社、二〇〇二年）第一章「グローバル市場社会の〈文化的矛盾〉」参照。

（7）なお市場の原理が、自由と平等という理念をその現実とかけはなれながらも押し進めざるをえない点について筆者の見解は、次の稿を参照。筆者稿「現在社会における差別現象に関する原理的考察―貨幣を媒介として形成される人間関係の批判的考察―」『新潟大学教育人間科学部紀要』第七巻第二号、二〇〇五年、参照。

（8）EUの統合とその生涯教育政策については、鶴田洋子「グローバル化・地域化・国際化のもとでの生涯学習の意義と課題―欧州連合の教育訓練政策を中心として―」日本社会教育学会編『グローバリゼイションと社会教育・生涯学習』（東洋館出版社、二〇〇五年）を参照。また高等教育の分野については、斉藤里美・杉山憲司『大学教育と質保証―多様な視点から高等教育の未来を考える―』（明石書店、二〇〇九年）「第一章　国境を超える高等教育の質保証とその課題」（斉藤執筆部分）参照。

（9）尹健次『孤絶の歴史意識』（岩波書店、一九八三年）参照。

（10）なお、「文化と排他性」の問題については、筆者稿「生涯学習のおける文化と学習をめぐる問題」鈴木真理・梨本雄太郎編『生涯学習の原理的諸問題』（学文社、二〇〇三年）参照。

第六章　差別問題をいかに考えるか

―人権・同和教育について―

はじめに―差別をとらえる視点―

新潟大学教育学部の相庭といいます。

自分の専門（専攻研究）は社会教育、成人教育を視点として教育を見ております。わかりやすく言えば学校の教員の実践を支える考え方、あるいは学校教育を支える思考を市民の視点からみるという研究です。研究の視点は、部落問題や黒人差別、障がい者差別問題などの差別問題一般の考え方、反差別の視点と言っていますが、この視点でさまざまな教育事象を批判的にとらえ分析するというのが僕の三〇年以上やってきた研究の経緯です。

「差別の問題」について話しを聞くとなると、みなさんはカチンカチンに緊張して「何が出てくるのだろう」という緊張感を持った姿勢になる。そして講演会が終わると、ご苦労様で、帰りに酒でも飲んで帰宅して、中身は酒場においていく。このように講演会の学習効果が出ないというケースが多々あります。これをふせぐためにもリラックスして講義を受け止めて下さい。

差別のように自分自身にとって不当な行為が行われているときに、人は「何を言っているのだ」とか、「なにそれ？　困ったなア」と思うと同時に、怒りや悲しみがでてくると思います。そういうときに、「人権」という概念が意識にのぼります。そこで、人権学習とはアメリカ独立戦争・近代フランス革命以来、形成されてきた概念であるという順でお話しをするのではなくて、反差別の視点から現象を追っていって、結果的に「人権」というのはこういうものなのではないかという方法で考えていくのが正攻法であると思っています。だから、今日のテーマである「人権・同和教育とはどういう教育なのか」ということも、この方法で話していきたいと思います。

それで差別をとらえる視点ですが、「1　差別の規定」、「2　差別の構造」、「3　差別の人間に及ぼす影響」、「4　差別が社会・国家に与える影響」の大きく四方向から考えてみたいと思います。

1　差別の規定

まず、「差別ってなんだ」という話です。差別が不当だというのは、絶対に誰もが知っています。知識として知っているのではなくて、感情としてわかっているので、問題ないかと思います。

例えば、僕の講義を受けている学生を前にして、「みなさんは差別問題というと難しく考えますけども、差別がいけないというのは、わかっていますよね」と問うと「うん」と答えます。「どうして？」と聞くと意地悪になるので、「みなさんが感情レベルでわかっているということを証明しましょうか」と学生には言います。そして以下のような例を話します。「例えばこの教室の真ん中に線を引いたとして、ぼくから見て、線より右に座った学生は、もう授業なんて聞かなくていいから、全部『優』で」、「左に座った学生は、いくら良くても『不可』です」と言ったらどうですかと学生たちに問います。

学生たちは「なに!?」とか「えっ!?」となり、そして「そんなの不当だ」となります。ぼくは「なぜですか。それは、みなさんが理屈より先に感情として平等だとわかっているからですよね。」と話します。このような例をあげて話を進めます。今回研修に参加されている方に、大学での講義と同じように行ったとしたら、間違いなくみなさんは「なんという不当なことをするのだ?!」とお怒りになります。なぜならみなさんはこの「怒り」の前提として「人間は平等である」という重要なことを、ご存じだからです。みなさんはすでに、この社会を生きていく上で「人間は平等である」という概念をしっかり学習しているのです。

なぜそういった意識を身につけたのかと言うと、少し難しい話になってくるのです。たとえば、古代ローマ時代の奴隷であれば、ローマ市民が「奴隷に対してどんな扱いをしてもいい」となれば、奴隷は奴隷主の言うとおり諦めるのですね。奴隷が怒ったら、奴隷でなくなります。反抗したときに奴隷は奴隷でなくなる。だが、彼らは人間が平等であると表明した社会を見たことがありません。奴隷である以上平等であることを諦めています。最初からそういうものだと思っています。

ところが、近代社会と言うのは、「人間が平等である」ということを宣言した社会です。私たちはそうした中で生きてきますと、平等であるということは日常生活を通して確実に学習しているのです。この前提に立って、これからの話を考えていきたいと思います。

そこで、まず「差別の規定」について話しておきます。差別とは本人の責任とさしあたり関係のない諸要因によってその人の自己実現が決定的に疎外される事象のことと理解していきたいと思います。このように捉えたうえで、このような差別はなくなる展望があるのか。差別というものは「なくなるか、なくならないか、なくせるか、それともなくせないか」と、私たちはよく議論します。

二五年以上も大学の教員をやっていますと、さまざまな学生たちと出会う機会があるのです。そこで差別の問題を話していますと、たとえば性差別の問題ですが、「なくならないのではないか」と考える学生の方が多いのですね。その学生たちと話しておりますと、日本社会全体にある差別を、みんなでなくさなければいけないという話題になります。ところが、この「みんな」が曲者で、まず自分が変わること、少なくとも自分が差別をやめることが重要であるという事実になかなか気づかない。あるいは気づけない。一人ひとりが「自分自身の差別意識を今日からすてた」とすればどうだろう。一億二〇〇〇万人がやめれば、日本から差別はなくなります。差別問題の学習というのは、なるべく具体的に身近に考えてみたほうが良いということが気づきにくいのです。このように問題を気づきにくくしている構造を次に見ていきましょう。

差別の構造をとらえないと、その本質がなかなか難しくて見えてきません。たとえばアメリカ合衆国における黒人差別を例にとると、まず「黒人」という言葉に注目が行くのですね。白人でない人間であり、アメリカ合衆国が独立する前後から、アフリカ大陸から労働力として強制的に連れてこられた人種であると、いろいろなことを指摘する人が出てきてですね。差別問題を考察しているのか、アメリカ史を勉強しているのかわからなくなってしまうのですね。このようにならないために問題を構造的にとらえていきます。

2　差別の構造

差別という事象は、なぜ問題なのか。それはもちろん、差別を受けた人たちの人権侵害の問題です。直接的には間違いなくそうです。でも、この問題は差別される側にとどまる問題ではなく、もう少し根が深い性質の問題なのです。

神奈川大学に在日朝鮮人の視点から教育を研究している尹健次《ユンコンチャ》という先生がいらっしゃいます。その先生が『異質との共存』（一九八七年）という著書を岩波書店から出版されました。この本が出版されたころ海老原治善・久保義三両先生が主催する教育政策研究会という研究会が専修大学であって、尹健次先生に来ていただきお話をお伺いする機会がありました。私もこの研究会のメンバーでしたので同席することになりました。その研究会で彼がいろんなことをお話しする中で、一番印象に残っているのは、「在日外国人の差別の問題は、一義的には私たちの問題です。確かに私たちの権利の問題です。しかしこれは、実は、日本国家の、あなた方自身の問題ですよ」という内容の提案をしたことです。ぼくは差別問題を研究し始めたとき、このことの意味が十分に分からなかったです。最近はよくわかるようになりました。

差別問題というのは、差別をしている側に大変強烈なカウンターパンチとして戻ってくる問題だと思っています。差別問題を考えることは、差別が存在し続ける社会というのを前提とした場合、その社会はどういう特質を持つ社会なのか、またその社会はどういう末路あるいは発展の限界を持つ社会なのかという問題を考えることと同じなのです。この点を見据え、いかに差別問題を考えていったらいいのか。差別を構造的に見ていくとこれがはっきりしてきます。

差別の構造ですが、「差別する側」と「される側」がいて、差別は成立する。これが基本です。差別問題は「差別する人」がいて、「差別される人」がいて成立します。次に数の問題ですが、差別する人と、差別される人の数はどちらが多いと思いますか？　圧倒的に「差別をされる人」のほうが多いのです。差別を受ける人の方が多数派です。

まず性差別を例にとれば、人類の半分が被差別者です。女性です。それから、沖縄、アイヌ、在日外国人、被差別部落、障がい者など日本の場合を例に考えますと、被差別が圧倒的な多数派になっちゃうのです。これはアメリカ合衆国でも同様です。だから、差別をする側の方が実は少数派です。差別をする側より、差別をされる側が多数派だということをまず確認しておきます。

現象としては、差別を受ける側が、少数派のように錯覚しています。だから差別問題は、少数派に対する多数者の抑圧であると固定的にとらえ、自己を傍観者的位置に置いたうえで、「気の毒な人」的同情論や「心の痛み」みたいな問題に集約して、「かわいそうだからやめましょう」という問題の理解になる。この理解自体が差別の構造に取り込まれています。このような理解をされると、差別問題へのアプローチ方法を大きく間違えます。差別問題は、道徳倫理的な「心」の問題かといえば、―もちろんその側面は強く持ちますが―、それが本質ではありません。まずこの点を確認していきたいと思います。

「差別する側」と「差別される側」が存在して問題は成立しています。そして同時に差別問題は継承されて、現代も続いている。これはどちらに原因があるのか。差別される人は「やめてくれ」という。「今すぐにやめてくれ」と差別廃止を訴えています。にもかかわらず、差別が存続するとなると、原因は「差別をする側」にあると見るのが正しい。そうすると、問題の核心は差別される側ではなく、差別をする側にあるのです。それでなぜ人は、「差別する側」に立つのか、ここが、さしあたって差別問題を解いていくときのキーになります。まずここを押さえていただきたいと思います。

なぜ人は差別を選ぶのだろうということを、日常生活を例に考えてみます。自分事で恐縮ですが、ぼくは、小学校、中学校と自慢じゃないですけど、成績が抜群に良かったです。――本当は自慢です（笑い）。田舎の中学校だったものですから、テストの成績などは五教科で五〇〇点満点中四〇〇点より下はあまり見たことがなかったです。校内順位はいつも上から数えて一番、二番、悪かったときは五番くらいでした。それで当然のこととして、自分の住んでいた地域の進学校に進みました。

埼玉県の進学校ですから、皆さんご承知の通り、一九七〇年中頃の埼玉県の公立進学校はすごい状態です。東京の「有名」大学に多くの学生を入れます。だいたい想像がつくと思います。家では一日六時間近く勉強します。このくらい勉強しないとついていけません。だから、どんなに惨めな抑圧的な高校生活を送っていたか想像できると思います。

そういう高校に進学しますと、田舎出身の生徒はどういう状態に陥るか。それは「みじめ」です。中学校時代いつも「優秀」だったわけですね。それが「優秀な生徒としての生活」が激変します。最初の中間テストは六月上旬くらいでした。その試験が終わって返されるとすごいです。点数は軒並み一〇の位に、一とか二という数字がつくわけです。満点が三桁で一〇〇点ですから、一〇の位が一とか二というのは、どういうレベルかわかりますよね。丸の数を探すほうが難しい。その結果は、テストが終わった瞬間にある程度想像はつきます。結果が返されて目の前に突き付けられるときわめて悲惨な精神状態になります。そうすると、周りをぱっと見て「俺だけではないかも、やはりあいつも悪い」と始まるんですよ。友達に「どうだった」、「だめだ」、「でもあいつはもっとひどかったらしいぞ」、「やっぱり、よかった」と「友人」との会話は進みます。こうなると、別に自分が絶望的状態である現実は変わらないのに、何となく安心して嬉しくなるんですね。

ぼくの家族は母親も父親も教員で、親戚も教員でした。教員ばかりの家族構成でした。そのために両親は事情が分かるので、成績に関して心配していました。「大丈夫か」「こんなんでいいのか」と優しく尋ねられました。そりゃそうですよね、五教科足して合計五〇〇点どころか、二〇〇点前後かという状態でしたから（笑い）。赤点のオンパレードです。ぼくのクラス順位は四五人中三九位とか四〇位とかそういう感じです。

それで、この家族内に漂う重苦しい雰囲気を打開する切り札がありました。何と言うか。田舎の中学校時代に成績を争った友人で今回のテストで成績が悪かった子を例に出して、「〇〇君もひどかった」。親の顔がすっと柔らかくなって、「そうなんだぁ、それは難しかったんだ。〇〇さんもできなかったのなら、しょうがないねぇ」、このように話が流れて「空気」が和らいでセーフです。

誰ができなくたって、クラス四五人中三九位なり四〇位という席次である現実は変わらないわけです。だけど、人間というのは、「自分が辛い」と、自分より下の人間をとりあえず想定して、今の自分を満足させている。こういう現象というのは、まわりにありませんか。

今は運動不足の生活がたたり、体重増えましたけど、ぼくは中学時代に長距離をやっていました。陸上部ではありません。水泳部だったのですが、小さな学校の常で、秋の県大会や地区大会の季節になると、水泳部が突然陸上部になるわけです。にわかチームですから勝てる訳ないです。選手としては学年で一、二番で行きますから、みんなに期待されて大会に行くのですが、結果はうまくいきません。一〇何チーム中八番くらいです。そうすると、別に自分たちが負けて県大会に行けなかったことには変わりがないのに、自分たちより下位のチームがいるぞとなります。要するに、期待されて抑圧がかかると、自分自身が自己実現できない。そうすると自分よりもっと苦労している、自分よりもっと大変な人を想定して、今の自分を満足する。こういう思考形態を、みなさん経験したことはありませんか。

まだあります。少し違った例です。知人に子どもが生まれました。男の子だったんですが、周りの人は「男の子でよかったな」と言うんですよ。なぜ男の子でよかったのか、さっぱりわからなかったですけどね。次に知人に女の子が生まれたらどうだったかというと、「よかったな、五体満足で」と差別的な言い方をしてるんですよ。おかしな話ですよね。このような会話を聞いたことありませんか。

なぜこのようなことが話題になるのか。みなさんはこの社会と差別について経験的にご存知なのです。知り合いや兄弟姉妹、あるいは隣近所に赤ちゃんが生まれたとき、なんと聞きます？

ぼくの経験では、「男の子か、女の子か」と聞きます。なぜ聞くのですか？　どっちだっていいじゃないですか。ところが、みなさん知っていいます。この社会は、「男で生まれた」か、「女で生まれた」かで、自己実現が決定的に違う社会だということを皆さんは知っている。ハンデがあるかどうかすごく気にしている方が多く存在する訳でしょ。それは、この社会が、ハンデを持つか持たないかで、自己実現が決定的に違うからです。つまりみなさんは、この社会が抑圧された、差別社会であることを身をもって知っている。ただ、それを口に出して言ったり、理論化したりしないだけで、差別の不当性も「平等」という価値も生活実感としてご承知のはずです。非常にわかりやすく単純化して考えていくと、抑圧的な社会だから差別が横行することになります。このことから差別とはなんだろうと考えると、抑圧の移譲行為として理解できます。

つまり、性差別や部落差別、障がい者差別、在日外国人差別などがひどい社会というのは、ひっくり返してみると、その社会で生活する人間の生活が惨めだということになると考えられます。そうすると、問題なのは、差別が蔓延しているような社会というのは、基本的にどういう社会なのかということになります。先に申しましたように差別とは「自分の責任とはおよそ関係ない、あるいはさしあたり関係ない諸要因によって、人生の自己実現に決定的なハンデを負わせられること」です。自分の責任とは「関係ない」ということとは、たとえば「女に生まれた」、たとえば「在日外国人に生まれた」、たとえば「被差別部落に生まれた」、たとえば「アイヌに生まれた」、たとえば「沖縄に生まれた」などは自分が選んだわけではないということです。当然ですが、これらは自分自身が選択不可能です。その諸要因によって、人生の自己実現が決定的に阻害される行為が差別です。

以上のことを踏まえて、差別が蔓延している状況、差別が社会の中にたくさんあるという現実を直視してみます。よく考えてください。その社会では、差別を受けるほうが多数派であるという話を先ほどいたしました。となると、差別を受けている人々というのが圧倒的に多く、それゆえその差別から一時的にでも抜け出るために差別に加担している人が増えていき、差別が社会に蔓延している。したがってその社会は自己実現ができない人のほうが多いという特色を持つ社会ということなのです。逆説的ですが、だから、また差別が蔓延するのです。差別が厳しい社会というのは、それだけ社会全体が抑圧的で不自由だということなのです。

3　差別が人に及ぼす影響

差別問題というのは、社会を構成している人々に決定的ダメージを与えるような現象であることがある程度理解されたと思います。ここでは差別が人間形成に及ぼす影響について考えてみたい。ここを深めませんと、社会の根幹を揺るがす重大な問題であるという理解が進まないので、この点だけもうちょっとお付き合いいただきます。

「差別される」側に立ってみると、差別という現象は、将来の自己実現が展望できなくなる問題です。どういうことかというと、女性差別を例にとると、女性を理由に就職が制限されるということです。今日では企業からの求人に「中卒男子」「高卒男子」「大卒男子」というのはなくなりました。女性解放運動の成果です。一九八〇年代よりちょっと前くらいまでは、このように書かれていたのですね。これを読み替えますと、「女はお断り」ということです。はっきりいうとそういうことです。だから、それが差別だということで、女性解放運動、性差別撤廃闘争でひっくり返してきた。もちろん、現代ではこのような露骨な差別は、女性たちの運動とそれによってつくられた政策によってなくなりました。差別が激しい社会の中で、「女だから就職ができない」といえば、様々な職種に就きたいという希望を、女性であるという理由で摘まれちゃうわけです。その結果女性たちは人生の展望が持てなくなります。それだけの威力を持ちます。次に、人間として持つ美意識や倫理観まで差別意識が食い込み自己肯定意識を崩してしまう例をひとつだけ申し上げます。

一九五四年五月一七日にアメリカ合衆国でブラウン判決という判決が出ます。ご承知の通りこの判決は、白人と黒人の別学制度を差別であるとしたものでかなり有名です。簡単に申し上げますと、A学校と、B学校があって、A学校には白人だけ、B学校には黒人だけが通っているという状態が「差別なのか平等なのか」を争ったものです。そこで同じ市の予算をかけてつくったAとBという学校を、白人だけ、黒人だけと分けることは差別であるという判定が出るという裁判です。

どういう経緯をたどったかを詳細にみていくと、大変面白い裁判なのですが、今回のテーマにかかわるとこだけ紹介します。この裁判が争われた場所は、カンザス州で、一九五〇年代当時は黒人差別が非常に厳しい状態の地域でした。

その地域では黒人の子どもたちは通学距離に関係なく黒人学校に、白人たちは白人の学校に通っていました。「同じ教育内容」で、分かれて、白人がA、黒人がBに通学する、「これは平等だ」となっていました。だが、裁判を担当した弁護団の一行が学校を訪問したときに、どうもしっくりこないのです。なぜしっくり来ないのかというと、その町は非常に差別が厳しい街です。その町の学校に子どもたちは通うのですが、白人の学校に行くと白人の子どもたちがいきいきしている。黒人の学校に行くと、学校はそれなりにきれいなのですが、黒人の子どもたちの雰囲気がどんよりしている。同じなのになぜだろう。彼らは、これでいいのかといろいろ悩むのです。でも、理論的に言えば、同じお金をかけて、同じ教材を使い、黒人は黒人、白人は白人で教育しているので、どこが間違っているのかと悩むのです。教育は将来のアメリカ合衆国の国民をつくる基礎です。にもかかわらず、胸を張って子どもたちが勉強している姿やいきいきした教育が白人学校には見えて、黒人学校には見えない。

この問いに答えを出してゆくために、弁護団はいくつもの調査をつみあげてゆきます。その中で、注目できる一つの調査がありました。この調査は至って簡単です。しかも、誰にでもはっきりわかる調査です。彼らは四体の人形を用意します。白人の特徴を持った鼻の高い男とバービー人形みたいな女の人形の二体、それに黒人の特徴を表した男の人形とアフロヘアをした女の黒人の人形の二体、計四体を用意して、学校に行きます。

まず白人の学校に行って、教室に入り子どもたちの前で調査を始めます。子どもたちに「一人ずつ前に出てきてくださいね」といって、おもむろに袋から四体の人形を取って教壇の前にある机の上に並べます。一人ずつ生徒を前に呼びます。そして生徒が女の子だったら以下のように尋ねます。「この中で、将来私たちのリーダーになる人形はどれですか？」　白人の女の子は白人の男の子の人形を取ります。つづけて「この中で、最も美しい人形はどれですか？」と聞くと、白人の女の子は、自分と同じ色の白人の人形を取ります。「この中で、最も醜い人形はどれですか？」と聞きます。白人の女の子は、黒人の女の子の人形を取ります。あるいは、黒人の男の子の人形を取ります。「この中で、将来、凶悪な犯罪に走るかもしれない人形はどれ？」と尋ねます。そうすると、白人の女の子は、黒人の男の子の人形を取ります。同じように、白人の男の子に「将来のリーダーは」と聞くと、自分と同じ白人の男の子の人形を取ります。「この中で最も美しいのは？」、白人の女の子を取ります。「この中で一番醜いのは」というと、自分の色と違う黒人の男の子ないしは女の子の人形を取ります。「この中で将来、犯罪に走る可能性があるかもしれないのはどれ？」、自分の色とは違う、黒人の人形を取ります。このデータを取って、次に、黒人の学校に行きます。そして、同じことを聞きます。

「この中で最も美しいのはどれ？」と聞くと、黒人の女の子は迷わず自分とは異なった色の白人の女の子の人形を取ります。「この中で最も醜いのはどれ?」と聞くと、黒人の女の子は少し躊躇して、あるいはほとんど躊躇せずに、自分と同じ色の黒人の女の子ないし、黒人の男の子の人形を取ります。将来自分がなるだろう大人像を選び、将来パートナーを組む可能性の高い同じ色の人形を取ります。「この中で、リーダーになるのはどれか」と聞くと、自分とは違う白人の男の子を取ります。「この中で、将来、もしかすると犯罪を犯すかもしれない人は誰だと思うか」と聞くと自分と同じ黒を取ります。

これらのデータを基にして、最高裁長官アール・ウォーレン氏は、次のような判決を宣言します。「我々は公教育の場における「分離すれども平等」の原則は成立しないものと結論する。教育施設を分離させる別学自体が本質的に不平等だからである」。「本質的に不平等」という意味はかなり深いことです。この論理はアメリカ合衆国の建国の精神に反するということであり、自由を求める人間の尊厳を宣言したものであると言えます。この時「別学でも平等」という主張は、「別学は差別である」とひっくり返ります。

これをみても分かるように、差別というものは、美意識や将来像、価値観や人間観というものを全部おかしくしていきます。美意識とか価値観・人間観というのは、自分で決めることであって、他人に決められるものではない。ましてや肌の色と髪の毛の色などで、他人から社会的序列の中に落とし込まれることは決してあってはならない。だが、差別というのは、相手をそのひとつの価値で落とし込んでいく。落とし込まれた相手はどうなるかというと、自分の美、自己肯定意識であるとか、「自分は嬉しい」とか、「自分が正しい」とか、そういう判断基準が崩れてきて、自分が存在すること自体が間違っているのではないか、つまり、自己の将来はないのだということになる。差別を受け続けるとこのような感覚に陥ってくる。差別問題というのは差別を受けた側の全人格を否定する問題になっています。

今度は、差別する側の問題を考えてみましょう。差別する側の問題ですが、これも深刻です。どうして深刻かというと、まず問題のひとつは、他者を見る能力を失います。おそらくみなさんも一度くらいは経験があるかもしれません。たとえば、ある人が素晴らしい作品を作ったとする。その人が女性だとすると、「何だ、女が作った作品か」という発言を耳にしたことはありませんか。また女性が理論的に正当なことを言ったが、その理論が少し難しかったとすると「やっぱり女の言っていることはわからないな」などと聞いたことはありませんか。ほんとはきちんとしているのに、そのきちんとしているものが、「誰が作ったか、誰が言ったか」にこだわり、作品の水準や理論を正当に判定できなくなるわけです。

差別を受けている黒人たち、あるいは在日外国人の人たち、あるいは被差別部落の人たちの言葉が素直に聞けなくなっていく。差別を受けた人たちが問題であるとしていることを自分たちの問題として理解できなくなる。差別問題の重要性が分からなくなります。それがどういうことを意味するのかというと、自分たちの持っている「知の感覚」、言い換えると「社会を見る目」とか、「人間を見る目」とかが歪んできます。歪んだ形態となりますと、自分に子どもが生まれたときに、自分の子どもが女の子だと、「何だ。女の子だったか、男の子だったらよかったかな」ということを平気で口にするほどに人間性が歪みます。もっと深刻化すると、他の国の人間を人間として理解できなくなり、人間観がガタガタになってきます。差別を受けている人間と決定的に違うことは、差別をしている側には全く根拠のない優越感がありますから、自分の人間観が崩れていくということになかなか気づかないことです。これが、この差別問題の非常に面倒で深刻なところなのです。

差別を受けている側にとって、問題と向き合うことは人間観を奪還する闘争と結びつきます。反差別という軸をしっかり持ち直して闘っていくことで、人間観が成長していく闘争につながります。しかし差別する側に立ってみますと、差別にいつまでもしがみついているほうが、麻薬のような「充実感」があります。たとえば、麻薬常習患者のような精神状態が続きます。他者に対する差別意識と行為によって自己の思考を形づくっているため、自分自身がダメになっている自覚を持ち得ないで行きます。その結果、「人を見下し、疑うことこそが人間」で、「人を信頼することが人間でない」という逆転現象が起こってしまう。差別をしている側が、他者を見るまなざしは「あいつのいっていることなんてホントかうそかわからん、注意したほうがいいぞ」ということになります。狭山差別事件などがその典型例といえます。無罪の石川一雄《いしかわかずお》さんが何で逮捕されたのか。差別意識に基づき「あいつが犯人だ」と頭から決めてかかられたからです。

現代日本社会において、狭山裁判が特別な例ではない。このようなことは日常的に起こる可能性があるということです。自分自身の中の人間性が崩れているのだから、自分の家族や子ども、自分の教え子、あるいは仲間たちを信用できるわけがないじゃないですか。だから、信用不安がものすごく広がるわけです。差別社会の中では、「自分が少しでも人のために役に立つと損をするに決まっている」とする思考や「ちょっとでも人のためになることをやったら、その人はもうあいつに騙されている」とする思考から人は自由になることが難しい。だから、お互いに、みんなが信用できないで生活することになるのです。

協力をするより「足を引っ張るほうが得」、それだけでなく、ある人がなぜ「いじめ」の対象になっているのか理由はわからないけど、弱いやつをみんなでいじめちゃえという文化が、当たり前のようにひろがってきます。そして、そのような状況の中にいると、今度はいじめられている人を救おうとすると、今度は自分がやられますから、なるべく黙っている。できたら、「率先していじめちゃえ」。そういう思考を是とする文化が当たり前のようはびこるようになります。

そして、そこで生活する多くの人から、「差別のない平等な社会」を想像する能力を奪います。だから、人間が平等で、人間が連帯して生きる社会というのは非現実的社会で、「血を血で洗う」争いがいつ起こるともわからない社会が現実的でそのような社会を生きていくために、その社会観にあった人間関係が生まれてくることになると考えられます。差別問題を理解するためには、実はこの点を理解することが一番の難所なのです。先ほど話しましたが、ぼくの講義に参加している学生の多くが、「差別はなくなるか」との問に対して、「なくならない」と答えるのは、差別のない社会を想像できないからだといえます。

次に教育の話に行きます。教育問題と差別問題の関係を考えてみます。例えばいじめの問題は今、大変な教育問題の一つです。みなさん、『橋のない川』という、住井《すみい》すゑさんの小説をご存知ですか？　いい小説ですね。是非、ご存知でない方は読んでみてください。主人公の畑中孝二、主な登場人物は兄貴の畑中誠太郎とおばあちゃんのぬい、そして小森出身の友人たちです。作品の中で、おばあちゃん、お母ちゃん、そして自分の代まで、「エッタ、エッタ」と言われる。差別されるわけです。このような差別の真っただ中をたくましく生き抜いていく、青年畑中孝二の生きざまを描いた作品です。

この小説の中での様々な差別を「いじめ」と置き換えてみてください。畑中孝二が、小学校高等科のときに、修学旅行に行って、夜同室の友達が一人また一人といなくなる場面があります。そのときの場面を今の子どもたちのいじめに置き換えてみてください。作品が崩れません。

ということは、いじめと部落差別は質的にはイコールだということです。解放運動の歴史を見ると、学校の中にたくさんあった差別の問題を、一個一個糾弾して潰して、学校教育の中にある差別を少しでもなくしていこうと闘ってきた運動であることがわかります。だけど、学校の先生方の多くは、この運動にどういう価値付けをしてきたでしょうか。校区の中に部落があるかないかに関心のウエイトを置いて考えてきたのではないでしょうか。同和教育をこのように限定的に考え、教育全体にかかわるものとの意識は極めて低かったのではないでしょうか。誤解を恐れずに部落差別を現代の教育問題に引き付けて言うなら、日本の近代化の中で差別の対象にされた地域出身の子どもたちに対する「いじめ」と見ることができます。彼・彼女らは「差別はやめてくれ」と、ずっと学校の教師や友人に言い続けた。もともとは、構造的に学校教育が持っていた排他性というものを、部落解放運動は指摘してきました。ところが、学校側は全くそのことを理解できなかった。自分たちの持っている、あるいは社会の持っている問題だというふうに考えられなかった。

解放運動ががんばったから、そしてそれに連帯する人たちががんばったから、今日では被差別部落出身者だということで、あからさまに「差別（いじめ）される」ことは少なくなりました。だけど、いじめる側の構造は改善されていませんから、別の差別の対象を探してそれが「いじめ」として現象してくる。「部落」でなくてもいいのです。誰だっていいのです。「背が高ければ」いい、「成績が悪ければ」いい、ちょっとだけ「足が遅ければ」いい、ちょっとだけ「頭がはげていれば」いい、「眼鏡かけていれば」いい、理由なんてなんだっていい。何でもいい理由で、あるいは勝手に理由を作っていじめる。差別する。このように見てくると、部落問題は、いじめの問題と重なってきます。

「いじめ」が原因で自死する事件に対する現代の教育委員会の対応策も反差別の視点からとらえると次の

ようになります。今日「いのちを大事にしよう」「大切にしよう」と教育現場はたしかにがんばっています。私が勉強したところによりますと、「差別に負けない子ども」をつくりたいと解放運動は努力してきました。自分で自分の命を落とさない、そして差別を許さないこと。それは差別に負けないことだと。「いじめで命を落とさない」「いじめを許さない」という今日の主張は解放運動が進めてきた教育と似ています。

次は学力問題です。どういう学力をつくるかということです。実は、部落解放運動では、「解放の学力」という表現で学力について真剣に議論をやっています。学力をつけるというのはどういうことなのか。なにをさせることなのか。現代の学力形成論で重要な点は新たに起こってくる問題を既存の知を組み合わせていくことで解決する能力をつけさせることです。部落解放運動の目指す能力は、差別のない社会を想像することのできる能力の育成ということです。差別問題にとりくむことは学習した知で新たな社会をつくることなのです。これはＰＩＳＡで求められている学力と似ています。ＰＩＳＡの学力テストが求めているのは単なる暗記学力ではないですから。

以上のように見てくると今日の教育現場が抱える問題の基本的な解決に向けた努力は、反差別闘争の中で、すでに試みてきたことと看ることができます。だから、ぼくは今の学校教育を見ていると、「ああ、やっとここまで気づいたか」と見ることができます。

いじめ問題がなかなかなくならないので、先生たちも苦労しています。実はもっと前からきちんと差別問題の学習をしていれば、いじめの問題もここまで深刻化することはなかったのではないかというのが、私のように反差別の視点で外から学校教育を見ているものの見方です。

もう少し話を進めていきましょう。いじめの問題で、いじめる子、いじめられる子のどちらが問題か。

いじめられる側に問題はありません。問題は、いじめる側の問題です。子どもたちにいじめの問題を議論させると、「チクったら恥ずかしい」、「親や先生に言うのはチクることになる」「チクったらなに言われるかわからない。先生に言いつけたなということになる」。ぼくはこれを「子ども文化」であるとか、「子どもの言い分」であるというように簡単に捉えられない。

自分の身体、自分の人生・生活、それが抑圧されたことに対して訴えることが恥ずかしい。訴えることがおかしい。ここまで、権利主体を放棄した発言があると思いますか。恥ずかしくない。自分自身の権利を、自分の生き様を、自殺まで考えなければならないほど切り刻まれ、ほかの人にその不当を訴えることができない。たしかに、大人に助ける求めることは、成長期にある子どもの内面にある価値に照らしてマイナスかもしれません。また仕返しをされることを心配するかもしれない。子どもたちは権利主体として未熟だと言えば、そうかもしれません。だけどぼくは子どもたちが権利主体として育てられるべき学校文化が――自己の権利主張をすることの正統性をしっかり学習する機会が限りなく少ないのではないかと考えています。このことについての学習機会を保障していくことにまず着手するべきだと思います。だから「チクる」なんていう歪んだ文化がまだ残っているのだろうと考えます。

大人になれば、自分が抑圧され、嫌なことがあったらそれを訴えて、ある時は裁判闘争までして、がんばっていかなければいけない。そういう人権感覚を根底から支える考え方を、はたして学校では教えているのだろうか。部落解放運動での中では、「たたかい」を教えてきました。糾弾闘争です。その具体的な方法については、議論が残ると思います。しかし、差別に負けてはダメだということを教えてきました。それは何を意味するのか。それは人間の尊厳を捨ててはいけないということです。

子どもたちは、このことを学校の中で教わっているのだろうか。むしろ、いじめられた子どもたちから出る発言から見ると、人権という自分が人として有する基本的な考え方を、学校教育は潰してきているのではないかともみえます。

例えば日本の中学校くらい決まりの多い学校は少ないです。このような教育を受けてきた日本人は決まりをしっかり守って、道徳的倫理的だと世界でも賞賛されています。ある意味で正しいかもしれません。しかし、自分の権利主体を放棄してまでもさまざまな集団に従っていく必要があるのかという問題がのこります。この問題（の深さ）は差別が社会に及ぼす影響を考えていくとはっきりしてきます。

4　差別が社会に及ぼす影響

差別が社会に及ぼす影響ということの大きな特色は、結論から言うと差別を内包する社会に発展の可能性が少ないということです。アジアと日本の関係に注目して考えていきます。

今日、日本と韓国との間で旧日本軍の従軍慰安婦の問題が議論になっています。二〇〇七年の第一次安《あ》倍《べ》晋三《しんぞう》内閣の時に従軍慰安婦の問題を取り上げています。そこで安倍首相は、従軍慰安婦の問題について「狭義の強制連行はなかった」と誤った主張を国会で語っていました。この発言に対して、〇七年七月三〇日アメリカ下院本会議では「慰安婦問題での日本政府に対する謝罪要求決議」が反対〇で可決されています。同年一二月一三日ヨーロッパ委員会においても日本の従軍慰安婦の問題について非難決議を採択しています。

オランダにおいては、安倍総理の国会での発言のニュースを聞いたオランダのバルケンエルデ首相は、この発言に立腹して、駐日オランダ大使を本国に召還します。これはオランダの主要新聞の一面トップで伝えられました。日本のマスコミには何も出ませんでした。このように従軍慰安婦の問題は、国際的には大きな問題になっています。なおこの経緯については、梶村《かじむら》太一郎《たいちろう》・村岡崇光《むらおかたかみつ》・粕谷廣一郎《かすやこういちろう》著『「慰安婦」強制連行――史料 オランダ軍法会議資料 × ルポ 私は〝日本鬼子〟の子』（金曜日、二〇〇八年）に詳しいので、関心のある方は参考にしてください。

従軍慰安婦について、日本国内では「その有無」が「議論される」くらい人権認識が堕落していますが、しかし、アジア諸国での研究水準はそんなに低くはありません。なぜ日本人が従軍慰安婦のような残虐な行為を侵略地で取れたかということについて検討しています。この問題を一九七〇年代から研究し続けてきた研究者に金一勉《キムイルミョン》さんという方がおります。金さんはその著書『天皇の軍隊と朝鮮人慰安婦』（三一書房、一九七六年）の中で、日本国内に公娼婦制度や被差別部落を内包する差別的土壌があったから、外に対しても平気でああいうことができるのだと指摘されています。

それと全く同じ論理を中国南京市における南京大虐殺事件の研究に見ることができました。南京事件については日本国内でも話題になっています。話題の中心は「正しい数字」「南京事件は戦闘であり、残虐行為はなかった」、はては「南京事件そのものがなかった」という内容の議論です。しかし中国現地での議論水準は違っていました。現地ではそんな水準での議論はしていません。二〇一〇年一一月、南京で南京大虐殺紀念館を視察し、そのあと南京大学の厳海建《げんかいけん》先生の話を聞きました。中国では「なぜ日本の兵士は南京市民にこれだけ残虐な行為が取れたか」というのが研究のテーマです。その中に「日本国内には被差別部落を中心とした差別があり、公娼婦制度という女性が売春することを政府が認めるような、そういう制度を前提にしていたから、中国国内でも、日本国内と同様に全く抵抗感なく、中国人民に残虐な行為ができた」との結論が出されていました。これは、金さんの従軍慰安婦の研究と、南京大学の厳先生たちの研究が一致していることを意味しています。このように、今日アメリカ、ヨーロッパやアジア諸国と日本との歴史認識が絶望的にずれていることの主要な原因は、我が国に存在する差別意識であるということが理解されると思います。

日本国内に存在しているこの歴史認識、言い換えると差別意識というのは、現代の世界、特にアジアを見る目をも歪めてきます。今、東アジアではどうような変化が起こっていると思いますか。二〇一四年現在、アメリカのGDPを一五とすると、中国のGDPは香港・マカオを含むと一〇です。日本は五です。アジアが激変している。経済規模で見ると日本のとなりにアメリカ合衆国の三分二が引っ越してきたということを意味しています。しかも、人口規模を見るとアメリカは三億人ですが、中国は一三・五億人です。

このようなアジアの変化に対して二〇一二年IMFの専務理事であるリカルドが来日してNHKの「クローズアップ現代」という番組に出演し、そこで「日本には再生可能性がある」という話をしていました。「日本の女性が働けるようになれば、日本の再生は可能だ」と主張していました。つまり、「女性差別を取っ払えば、日本は再生可能です」ということをいっていたのです。IMFという、いわゆる資本主義の中枢を握っている代表理事ですらこのよう言っています。アジアで従軍慰安婦の研究しているような人たちも日本における差別問題に関係して同じことを言っています。南京の人たちも同じことを言っています。だから、日本社会がなんでこんなに停滞しているのか。答えは一つなのです。日本社会は差別から自由でないから世界の見方が歪んでしまっています。そして、「今のままでいいのだぞ」と思い続ける限り、我が国の社会は発展する可能性がせばめられていくということを、日本を外から見る人々は指摘しているということなのです。

アジアの中で「日本人は優秀な民族だ」という人がいます。いわゆる「日本人優秀説」です。僕もそうあってほしいという願望はあります。でも、もともと「優秀」だということになると、そんなに学習環境をつくらなくても、またそんなに努力して勉強しなくてもそれなりの成果が出るということです。ましてやアジアの他の国に追い越されることなどあり得ません。しかし、現実は違います。人は国籍や民族、性別に関係なくみんな同じだから、努力し勉強した人の「勝ち」、勉強する環境をつくった国の「勝ち」です。たとえば今日グローバリゼイションのもとで、もし日本人が今、最も優秀であれば、あまり努力しなくてもほかの国の人たちに勝てるはずです。もし同じだったら、十分に教育費を入れて環境を醸成しないと負けちゃうでしょう。ということは、「日本人が優秀だ」ということを信用すると、教育費の削減は可能です。教育予算を削っても、他の国より日本人は勤勉で優秀だから負けない。

ほかの国の人たちはそう考えません。どこの国もみんな教育費を減らしません。「優秀」であるとか、「優秀説」という民族優位性とか排他性という問題は、このようにいくらでも政治的に転用可能性があるのですね。排外意識を土台とした過度なナショナリズムを政治家が政治に利用し、国民がそれに絡めたられていくとその国の将来はかなり惨めなものになる。差別から自由にならないと、もうその社会は停滞して、新しい社会に脱皮する可能性が限りなく小さくなっていくということです。世界史に例をとってみると、人類の歴史の発展はその社会が持つ生産力に比例して、古い身分社会を打破して、より自由で平等な社会をつくってきた歴史です。つまり、人間が自由と平等を勝ち取ってきた歴史です。逆ではないですよね。市民社会から突如奴隷制王朝が成立したり、古代国家が生まれたという歴史はどこにもありません。

どの国にも最初はさまざまな身分制度があります。社会の生産力が上がることに伴い、身分制度と秩序が崩れて、新たな身分制度と秩序が形成され、さらに生産力が上がることで既存の身分制度と秩序が崩れる歴史です。身分的社会が崩されて、人間が平等になり、より合理的な生活が送れるようになってきたのが社会の歴史です。だから考えてみれば、差別的な思考を前提とした国家・社会がもたないというのは、世界史を漫画レベルで読んでもわかる単純なことです。

次に差別意識と「格差」について触れておきたいと思います。差別意識というのは、格差社会を肯定する論理にもなります。日本の格差社会、貧困率はアメリカ合衆国と並んで世界第二位です。アメリカ合衆国の格差とはどのようなことを意味しているのか分かりますか。『グローバル化とアメリカの覇権』（岩波書店、二〇一〇年）という本がございまして、東京大学の五十嵐《いがらし》武士《たけし》先生が書いています。五十嵐先生はアメリカ合衆国の格差社会の実態を解説していく中で次のようなことを書いています。みなさん驚くかもしれません。ぼくにとっては、にわかに信じがたい叙述でした。二〇〇八年のデータです。アメリカ合衆国は囚人数が多いので有名です。アメリカ合衆国の成人のうち、九九・九人に一人が囚人です。一〇〇人集めると一人が刑務所に入っているということです。一八歳から三五歳までの白人男性では三〇人に一人です。三〇人に一人が、刑務所に入っています。それで、一八歳から三四歳までの黒人では九人に一人です。これが、合衆国の格差社会の一断面です。わが国はこんなアメリカ社会を追っています。そして、私たちの社会で、格差が進んでいきますと、ますます社会が差別的な構造に落ちていきます。

そうすると、その差別的な構造が、どういう社会状況を作り出すかということを想像するといろいろなことが考えられます。特に人々の意識に注目すると、その社会で暮らす人々は格差を肯定するようになります。社会秩序に従うことが何よりも優先されてきます。そして、先ほど申し上げたように、お互い信頼関係がありませんから、だから「貧困に落ちた人が悪い」とか、「運が悪いのだ」、「怠けているから悪いのだ」ということになってくる。その中でだんだんマスコミもおかしくなってきます。いくら政治家を非難することが役割の一つとは言え、そのために差別的な記事を書くまで変化してしまいます。最近ある雑誌が大阪の政治家を批判するために差別的記事を掲載しました。

その雑誌の親会社である新聞社は、かなり民主的だと言われた会社です。ぼくはこれが、一人の記者、雑誌の編集長、個人の問題だと考えません。おそらく差別社会の中でこの出版社が持つ民主主義的感性が歪んできているのではないかと考えるのです。その結果今まで一生懸命に良心的な記事を書いてきた会社（マスコミ）が崩れることになります。そうすると、「勇ましい」会社の新聞が売れる。こういう構図が出てくるわけですね。そうすると、保守的で閉鎖的社会状況がうまれ、また差別意識が作りだされることになります。循環型差別社会に陥る危険性を今の日本は強く有しています。

以上のように見てくると、このような状態をどうやって打破するかということがきわめて重要な課題となります。この課題克服と差別の解決は強くリンクしているのです。部落問題をはじめとする様々な差別問題、人権問題は一義的には差別を受けた人々の問題です。しかし、問題は深刻で、ちょうど日本の中核、屋台骨を揺るがすような問題です。だから、同和教育や人権教育というのは、それに直接かかわる現象が近くにあるかないかというような問題ではないのです。わが国の民主主義を前に進めるためには、やらなければならない必修課題であると指摘できるのです。そして、それは一人一人の国民がどのくらい事態の重要性を理解できるかにかかわっているといえます。

おわりに―差別と闘ってきた歴史に学ぼう―

部落問題や在日外国人の問題、女性問題、障がい者問題などを学習するうえで重要なことは、まず、差別とたたかってきた歴史と成果を素直に学習することです。かなり真剣にこの学習を進めていくべき時期が現在であると思います。特別な勉強ではありません。『橋のない川』の作者住井すゑさんが主人公畑中孝二を通して、何と闘ってきたか。また戦後同和教育は、どういうものと向き合ってきたのか、これらのことを先生方、職員の方々、あるいは関心を持った一人ひとりが、正確に、日本の社会の文脈に即して理解する。気の遠くなるような道かもしれませんが、これを通してしか日本社会の閉塞状況、差別が蔓延する状況をとめることが難しいのではないかと考えています。

日本社会のなかで差別問題が克服されていく可能性というのは決して低くないと考えています。なぜかというと、反差別闘争と闘ってきた遺産があり、人権保障についての多くの蓄積を私たちは持っている。それを正当に継承する時期が現代来ているのだろうと考えられるからです。そこで、差別問題を学習していくうえで重要なポイントをあげてみたいと思います。まず、すでに述べたように差別問題の歴史は差別からの解放の歴史であるという点への注目です。ある時代にこのような差別があったとか、このような理由から差別が行われたという事実関係を確認する作業も重要であることは言うまでもありません。しかし、何より重要なことは、その差別に負けず差別をなくすために闘ってきた人たちがいたことの意義を学習することです。闘いを経験した人たちは必ずその闘いに参加する前よりも成長していきます。既存の社会に対して「NO」ということは、それに代わる新しい社会や価値をつくらなければなりません。被差別という厳しい状況に追い込まれながらも、闘いぬいた人間の強さ、そして賢明さを学ぶことが重要であると考えています。

重要なポイントの二つめは、身近で起こっている問題を反差別の視点で疑っていく方法を身に着けるように学習していくことではないかと考えます。先ほどもお話ししましたように、学校の中で問題になっている「いじめ」等は差別問題に対し問題意識を持っているとその不当性をしっかりと見抜くことができるのだと思います。差別問題学習は、生活の中の差別を見抜き、それを見逃さず是正していく能力を身に着ける学習だからです。

最後に三つめのポイントは、差別＝人権侵害という問題に対してグローバル化した現代社会においては常に厳しい視点が注がれているという自覚を促す学習を心がけることです。基本的人権とは個人の尊厳を基礎としたもので、民主主義社会を形成する原理です。差別はこの原理に対する挑戦であり、民主主義社会を内から瓦解させる可能性を持つ病原菌のようなものです。民主主義社会を存続発展させていくことと差別問題を解決していくために学習していくことはほぼ同じことだということです。この理解は民主主義を基礎としている現代国家に共通している価値であるとも言えます。

最後は抽象的な話になって、言いっぱなしで駆け足でのに終わりになるのですが、もう時間になりました。みなさんの、部落問題理解、同和教育理解、人権問題理解に対して少しでも足しになればと思います。ご清聴ありがとうございました。

用語の解説

＊「差別」について岩波『哲学・思想辞典』では以下のように書かれている。一般的な理解なのでここで紹介しておきたい。

「差別［英仏］discrimination［独］Diskiminierung 人種、性別、宗教などの違いを理由にして、特定の個人ないし集団に対する不利益・不平等な扱いをすること。差別を意味する英語、フランス語、ドイツ語の語源は、ラテン語の動詞 discernere（識別する・弁別する）にさかのぼるが、一七世紀中葉から各国語に登場してきた。

歴史に現れた差別の始まりは、古代の奴隷制に求めることができよう。奴隷は普通の人間と異なり「所有」の対象となるモノと同列に扱われ売買された。そうした奴隷制を告発し差別に反対する平等主義の萌芽は、ストア派や新約聖書の文言からもうかがわれるが、当時の社会において奴隷の存在は当然視されていたのである。奴隷制などの一連の差別を撤廃しようとする運動は、近代の人権思想の普及と市民革命の進展を通じて現実を変革する勢力へと成長していった。早い段階での成果の一つが、イギリスにおける奴隷制廃止法（一八三三）である。その前文では「奴隷の身分におかれた人々が解放され、自由にされること、および従来これからの奴隷の労務を受ける権利を有していたものに、これからの労役を受ける権利を奪われたことによって生ずる損害を賠償することは、正しくかつ時宜に適する」と明言されている。続いて南北戦争後のアメリカで「奴隷および不任意の労役は、犯罪に対する刑罰として適法に宣告を受けていた場合を除いては、合衆国内またはその管轄に属するいずれの地にもあってはならない」とする合衆国憲法修正第一三条が確定した。（一八六五年）

またこうした法制化と同時並行して、女性に対する差別の不当性を訴えたM・ウルストンクラーフトの『女性の権利の擁護』（一七九二）とJ・S・ミル『女性の隷属』（一八六九）は、女性参政権の獲得を主目標とした第一波フェミニズムに強い影響を与えたのである。

二〇世紀前半を席巻とした民族差別と戦争を反省し、人権の承認が「世界における自由、正義および平和の基礎」であることを訴えた「世界人権宣言」（一九四八）の第二条には、従来の反差別運動の成果が盛り込まれている――「すべての人は、人種、皮膚の色、性、言語、宗教、政治上そのほかの意見、民族的若しくは社会的出身、財産、門地そのほかの地位またはこれに類するいかなる事由により差別をも受けることなく、この宣言に掲げるすべての権利と自由を享受することができる。」その後、差別告発する動きは、高齢者差別（エイジズム）、容貌差別、同性愛者に対する差別へとターゲットを広げていったが、現在では人間と動物との質的区別すら問題視され、それが「種差別」

(speciesism) につながる危険性が指摘されるにいたっている。その騎手であるP・シンガーは、快楽と苦痛を感受できる能力において動物と人間は平等であると説いて、無益な動物実験や肉食の習慣をなくし、動物の解放を実現することを要求している。

なお差別の発生メカニズムについては、偏見や忌避などの観点からするミクロ的心理学的解明とエスノセントリズムや階層化などの観点からするマクロ的制度論的解明とが個別に進められてきたが、両者を統合する視座はいまだ確立されていない。加えて、被差別者を積極的に優遇することで差別を制度的に解消しようとする「逆差別」ないし「アファーマティヴ・アクション」(積極的差別是正措置)がどこまで正当化されるかが、焦眉の実践的課題となっている。」

(『岩波哲学・思想辞典』一九九八年、五七六頁より)

ブラウン判決

一九五一年カンザス州においてリンダ・ブラウンという八歳の女の子が毎日五ブロック先の近くの小学校を通り過ぎて、八キロ離れた小学校に通っていたが、それを見かねた父親のオリヴァー・ブラウンが近くのサムナー小学校に転校させようとした。その答えはノーであったことから始まる。弁護団は先駆的な黒人の心理学ケネス・クラークやスウェーデンの経済学者グンナー・ミュルダールの研究などを積み上げげて、一九五四年五月一七日に最高裁長官アール・ウォーレンの次のような判決を引き出すことになる。

「公立学校における、人種のみを基礎とした児童の人種分離政策は、具体的な施設や「目に見える明白な」諸要素が平等であると考えられるにしても、少数派グループの子どもたちから平等な教育の機会を奪うことにならないであろうか。われわれはその機会を奪うことになると考える……人種のみを理由に、少数派の子どもたちを同じ年齢の同じ資格を持つ他の子どもたちから分離することは、社会における子どもたちの立場に関する劣等感を生み出し、それは子どもたちの感情と知性に修正不可能なほどに深い傷を残す可能性がある。……われわれは公共の教育機関において「分離すれど平等」という原則には根拠がないと結論を下す。人種分離政策に基づく教育施設は根本的に不平等である」(ジェームズ・M・バーダマン、水谷八也訳『黒人差別とアメリカ公民権運動』集英社新書、三〇〜三一頁)。この判決は、分離隔離政策に基づく教育施策は差別であるとする見解を明確に示したものとして、アメリカ合衆国の黒人解放運動史にのこるものであった。

南京事件

笠原十九司『南京事件』（岩波新書、一九九七年）によると以下のようにその全体がまとめられている。

「南京大虐殺事件、略称としての南京事件は、日本の陸軍並びに海軍が、南京攻略戦と南京占領時代において、中国の軍民に対しておこなった、戦時国際法と国際人道法に反した不法残虐行為の総体のことを言う。事件発生の区域は、南京城区とその近郊六県を合わせた行政区としての南京特別市全域であり、それは南京攻略戦（中国にとっては南京防衛戦）の戦区であり、南京陥落後における日本軍の占領地域であった。事件発生の期間は、日本の大本営が南京攻略を下令し、中支那方面軍が南京戦区に突入した三七年一二月四日前後からはじまる。大本営が中支那方面軍の戦闘序列を解いた三八年二月一四日が南京攻略作戦終了にあたるが、南京における残虐事件はその後もつづいたので、南京事件の終焉は、日本軍の残虐行為が皆無ではないまでも（近郊農村ではあいかわらずつづいていた）、ずっと少なくなった三月二八日の中華民国維新政府の成立時と考えることができる。ただし、三七年八月一五日から開始された海軍機の南京空襲は、南京攻略戦の前哨戦であり、市民に対する無差別爆撃は、南京事件の序幕といえるものだった。」

また犠牲者数の確定の困難性を笠原は次のように述べている。「南京事件において犠牲にされた中国軍民の数を正確に算定することは、いまとなっては、まず不可能である。日中の双方とも南京事件の発生時および直後に本格的な被害調査をしなかったからだ（金陵大学のスマイスらの「南京地区における戦争被害」調査が唯一であった。）南京はその後およそ七年間、日本の占領下に置かれたため、中国当局が直接調査することはできなかった。いっぽう、南京を占領した日本当局が、犠牲者数を調査することなどありえなかった。したがって、関連した諸資料を収集し、整理・検討して犠牲者総数を推定していくことになるが、その資料も、日本軍側の資料の公開が少ないことが最大の障害になっている。藤岡彰氏の調べによれば、中支那方面軍の全連隊のなかで、これまで戦闘詳報や陣中日記の類の公式資料を刊行・公表している部隊はおよそ三分の一にすぎない。多くは敗戦前後に連合軍の追及を恐れて証拠隠滅のために焼却されている。また、南京攻略戦に参加した元兵士が虐殺行為を証言したり、それらを記録した陣中日記を公表したりすると、戦友会や右翼勢力から証言封じの圧力が加えられることも日本側の資料が少ない原因になっている」。このように実数の確定の困難性を指摘したうえで、笠原はラーベ「ヒトラーへの上申書」、「埋葬諸団体の埋葬記録」およびスマイス「南京地区における戦争被害―一九三七年一二月～一九三八年三月―都市および農村調査」の三点をもとに事件の犠牲者数は約二〇万人近く、またそれ以上になるのではないかと推計している（笠原十九司『南京事件』岩波新書、二一四〜二二八頁）。

日本人優秀説

一九二〇年代後半から昭和初期にかけて社会主義運動とその思想に対して厳しい統制と弾圧が敷かれる。それに応じて「国民精神」とか「日本精神」のもとで西洋から入ってきた左翼思想を排撃していく国家主義的主張の一つに日本人優秀説がある。南博『日本人論』によるとその最初の主張としては、漢方医中山忠直『日本人の偉さの研究』（先進社、一九三一年）が挙げられている。また中山は一九三九年『我が日本学』で日本民族優秀説を展開している。一九四〇年代に入ると長谷川如是閑『続日本的性格』（岩波書店、一九四二年）、西村真次『日本人と其文化』（冨山房、一九四〇年）、田中寛一『日本の人的資源』（蛍雪書院、一九四一年）などが日本精神論や日本文化論などと関わらせて日本人優秀説を展開している。南はこのような主張をファシズム日本人論として分類している（南博『日本人論―明治から今日まで』岩波書店、一九九四年参照）。

ＩＭＦ（International Monetary Fund）

国際通貨基金は通貨と為替相場の安定化を目指した国際連合の専門機関である。一九四四年為替相場の安定を図ることなどを目的に、アメリカ合衆国ニューハンプシャー州ブレトンウッズで開かれた国際連合の「金融・財政会議」のブレトンウッズ協定によって、戦後復興策の一環として国際復興開発銀行とともに一九四六年三月に二九カ国で創設された。翌四七年ＩＭＦ協定が発効し実際の業務を開始され、国際連合と協定を結び国連の専門機関となる。世界銀行とともに現代社会の金融秩序の根幹をなす。本部はアメリカ合衆国ワシントンＤＣにおかれ、代表はクリスティーヌ・ラガルド専務理事、フランス人女性である。加盟国は二〇一一年九月現在で一八七カ国であり、業務は、加盟国の経常収支が著しく悪化した時など融資を行い、国際貿易の促進、加盟国の高水準の雇用と国民所得の増大、為替の安定に寄与することなどを基本目的にしている。

第七章　戦後教育運動を分析する視角
―海老原教育史学の構造的特徴―

1　問題の所在

戦後教育史研究を海老原治善《えびはらはるよし》はどのような立場で捉えていたのか。本章はこの点に焦点を当て、海老原教育史学の特色を論じていきたいと思う。今日きわめて細分化した教育史研究はその精緻さと引き替えに、それぞれの研究課題を支える「認識」が、お互いに交流しにくいという現状におかれていると感じられる。そのために、海老原の教育史研究が何を明らかにして、何が不十分なのかを詳細に検討していくことよりも、その研究が生産されねばならなかった「要因」を深めていくことの方が、主題に迫り得ると考えられる。そして同時に、日頃「感じている」課題を解く手がかりを、わが師の胸を借りることで得たいと思う。

海老原教育史学を概観すると、資本主義社会の発展段階に即して教育を分析していくための三本の柱が見える。一つは、教育政策と教育運動の対抗基軸であり、二つ目が「教育実践」と言う概念へのこだわりである。そして三つ目が「イデオロギーと教育」との関係への注目である。最初の「教育政策と教育運動」

は、宗像誠也《むなかたせいや》の教育政策概念を発展的に引き継いできたものであり、その社会的存在形態を教育運動との拮抗関係から把握していこうとしたものである。また「教育実践概念」についても、この教育政策対教育運動という構図に基本的に制約されつつ、資本主義社会の一定の発展段階ではじめて歴史に登場してくる概念として書かれている。最後の「イデオロギー」概念においては、教育政策を規定している「国家」概念と教育との関係を説明していくキーコンセプトとしての位置づけを有している。私には海老原教育史学は、この三者がお互いを支え合いながら教育史像が造られているように見える。

本章では以上の三点に論点を当て、それぞれを代表する著作を手がかりとしつつ、総体としての海老原教育史学の特色を論じていくことで主題に迫ることとしたい。そして、最後に社会史的手法とも見られる叙述について、その特色を考察したい。それは、海老原が日頃読みやすい歴史をなぜ絶えず意識していたのかという問題を書いておかねば、彼の教育学研究になぜ「フーテンの寅」こと車寅次郎《くるまとらじろう》がでてくるのか、また「酒場の教育学」を強調したのか、そして「赤ちょうちんのある社会主義」の意味は何かという、一見冗談に見える言説が理解できないように思う。この点は他の論者も触れるとは思うが、あえて教育史学との関係で問うことも必要である。

これらの具体的な考察に入る前にまず、以下で教育史像を構想した時代的特色を海老原の言説に触れながら、彼が主張していた「国民教育論」とのかかわりから概観していきたいと思う。そしてそれを前提として、教育政策史、教育実践史の特色を考察していきたい。

2　海老原教育史学

海老原教育史学を考察していく大前提として、戦後マルクス主義と日本教職員組合運動の展開過程はけっして避けることはできない。前者は海老原の人間観を大きく規定したものであり、後者は彼の教育観の原点をつくったものとも言える。ここではまず後者から論じて行こう。

「一九五七年、国民教育研究所が発足し、研究会議長に上原専祿先生が就任された。先生はやがて『国民教育論』を折に触れて語られはじめた。その身近な位置で先生の謦咳に接し、強烈な教育思想を私は教えられ、それが今日の私自身の教育思想形骸の核ともなった。当時の日本は、アメリカ帝国主義の従属下にあった。上原先生は、それを深い次元でとらえていた。つまり、政治的に従属化されているだけではなく、精神的にも、文化的にも従属化されている。国民は存在しているけれど、民族の独立をにない得る主権者としての国民にはなりきれていない。普遍的な文化でしかも独自な文化をつくりうる主体としての国民にもなっていない。政治的にも、精神的にも、文化的にも独立しうる国民になっていくこと、『形成』こそ、国民教育の課題なのだとまさに諄々と語られた。

つまり、教師も、父母も、労働者も、そして子どもも、国民にまで自己形成していくその全体としての過程が国民教育であり、国民教育運動なのだと提起された。

それぞれが主体としての立場を自覚し、国民にまで自己を成長・発達させていく。上原先生は、これを『国民の自己形成』と提起された。研究会議員であった梅根悟先生は、教育学的には『形成』は、いってみれば、一定の類型に形づくることを含意しているから、『陶冶』の方がよいのではないかとされた。

私は、これをうけて国民の『自己形成』というより『自己教育』(self-education)と規定したらどうかと、それ以来、胸にあたためて今日にいたっている」（海老原治善著作集第八巻、一六頁―以下『著作集』―）『現代日本の教育政策と教育改革』で論じられているくだりである。一九五七年という時代は、戦後教育史において大きな変化の時であった。以下、この時代を少し見てみよう。

前年の五六年に「自民党は、地方支部に新教育委員の任命に日教組の排除を指令したが、結果的には、これで日教組以外の良識ある人々が教育委員に任命されるようになり、文部行政は大変やりやすくなった」（内藤誉三郎『戦後教育と私』一九八三年、毎日新聞社、一一三頁）と回顧される「地教行法」（地方教育行政の組織及び運営に関する法律）が制定されており、また五七年教員の勤務評定実施反対闘争、そして六〇年日米安保条約改定阻止闘争、六〇年から議論されてきた全国一斉学力テストが翌六一年に実施される。これは、資本の側では、敗戦の痛手を朝鮮戦争の特需で埋め合わせ、重工業主体の経済成長を目ざすものであり、六〇年一二月に池田勇人《いけだはやと》内閣により閣議決定された国民所得倍増計画の「第二部第三章」には「人的能力の向上と科学技術の振興」が明記された。岸信介《きしのぶすけ》内閣の「政治の季節」から「経済の季節」への展開と、時代が大きくシフトしていくにつれ、教育政策は、時の経済界の意向をきわめて強く反映して策定されていく。日教組運動は、勤務評定反対闘争、反学テ闘争と闘いを組みつつ、反米・反独占・反安保闘争などの政治課題ともとりくむという重要な歴史的役割を演じていた。国民教育研究所は、基本的に日教組運動の方向性を研究的に補佐していくという重要な位置にあった。

戦後日本社会が大きく旋回しようとした時代に、海老原は「国民形成」のための教育論としての「自己教育」を国民研究所で学んでいた。海老原が、「国民教育」という場合、その規定が働く人＝労働者を中核とした「国民」の教育であり、その目的が教育基本法に述べられている「平和的、文化的国家」の形成者であるとしているのは、彼の教育思想形成期が、戦後日本における資本主義社会の本格的復興期であり、同時に教育政策に当たっては、保守勢力の支配基盤が基本的に確立していく時代とパラレルであったためである。アメリカ従属型で復活した日本独占資本による教育支配に対抗していくこと。これが海老原教育史学の一つの流れになっていく。

文部省と日本教職員組合。この二つが戦後日本の教育政策・実践に大きな影響力を行使してきたことは、議論の余地はないだろう。戦後の教育研究はこの対抗関係を基本的な基軸としてとしてすすめられてきた。教育実践研究に裏打ちされた教育現場からの教育改革こそが、新たな時代に光を当てるものであるとの認識は、日教組運動に結集する多くの教職員たちに共通のものであった。日教組のスローガンの一つでもある「教え子を再び戦場に送るな」は、アメリカへの従属により復活しつつある日本資本主義が、日米安保条約に象徴されるように戦争参加の危機におかれていることへの批判でもあった。それゆえ、反米・反独占は、平和と民主主義のための教育を守っていくことと一致していく。それは圧倒的に多くの国民が望むことでもある。海老原はこの日教組運動の側に身を置き、この運動の歴史的必然性を解明していくことこそが、復活しつつある独占資本に対抗していく手段と認識していたのである。そして海老原は、国民の共通の願いである平和と民主主義の教育を実現するために資本主義体制批判の視座をどのように構築していくべきかという、戦後教育学の宿命とでも言うべき課題解決の方法論的基礎をマルクス主義に求めていった。

海老原は最初の著作である『現代日本教育政策史』の「はじめに」で次のように記している。

「本書のごとき分析を意図したのは、この現状（日本帝国主義下の教育政策史研究がまだ十分ではない現状――相庭）に学問的にチャレンジしたいという意欲からであり、その問題意識は国民的な課題にささえられてうまれたものである。もともと筆者の教育史研究へのとりくみは、一九四九年、生活綴方、北方性教育運動史の分析から出発、五四年の『大正期自由教育運動の展開』の分析をへて、郷土教育運動、新興教育運動、戦時下の教育運動などの反体制教育運動の分析を主としてつづけてきた。その研究過程で、これら教育運動を抑制する権力の教育政策とは何か。国民統治の諸手段にしめる権力の教化・教育政策の比重の強さと重さは、なにに起因するのか、これをつきとめたい意欲にかられるようになった。この問題をとくことによって、今日の教育運動の基礎をあきらかにできるのではないかと思った。……中略……まさに運動のなかに、研究者として身を入れるなかで、教育史研究の方法論として、教育政策と教育運動を基軸に、教育内容・方法の問題をくぐらせつつ、日本近・現代教育政策史をトータルにつかんでみたいという要求がうまれてきた」（『著作集』第一巻、一～二頁）。

3　教育政策と教育運動の枠組み

海老原の教育政策規定は、基本的には宗像誠也の教育政策規定の批判的継承である。「教育政策とは、権力によって支持された教育理念である」との規定について、ここで示されている権力の主体とは何か、またなぜその理念が支持されていくのかということについて歴史的に検証している点が、『現代日本教育政策史』の特色でもある。前者については海老原はマルクス主義国家論を検討していくなかで、掘り下げていく。後者については、資本主義国家の教育政策の必要性を検討していくなかで「イデオロギー論」を介して解明していくのである。

「国家権力をつきうごかす階級実態をつきとめ、その生産諸力と生産諸関係の矛盾からうまれる階級支配の現実に焦点をあわせ、それを政策起動の源泉としてみいださなければ、科学的分析のいっそうの深化は、困難なのではないかと考えるのである。とりわけ資本制社会における国家権力を考察する場合、エンゲルスが指摘するようにそれが『どんな形態をとろうとも、本質的には資本主義的な一機構であり、資本家の国家であり、理念上の総資本家である』という基本視角、つまりブルジョアジーこそ政策の実体であり、国家はその搾取のエージェント、抑圧の手段・道具であるとする認識をはずしては事態の本質をつかめないのではなかろうかと考える」

海老原はこのように国家と抽象的「権力」としてではなく具体的に資本主義国家という概念に踏み込んで捉え、教育政策を規定している要因をつかもうとしていた。海老原のこの方向は、現在教育行政を研究するものにとって一つの常識的理解であるが、一九六五年当時ではきわめて新しい視角であった。このような視角のもとで海老原は、明治維新以後の日本の教育史像を描き出していくわけであるが、彼は、『現代日本教育政策史』の具体的叙述にはいる前にその総体としての見取り図を以下のように記している。やや長くなるが、海老原教育史像の核心的部分なので引用しておきたい。

「より具体的に日本の帝国主義教育政策を分析していくにあたって、どのような基本視点にたつかを、もう一度考えておきたいと思う。それは当然のことながら、その前提として、日本の資本主義、帝国主義をどうとらえるかにかかっている。この点については、一九三〇年代以降、日本の社会科学の総力をあげての探究のなかで数々の成果があげられ今日にいたっている。……中略……筆者の教育史研究のこれまでの作業からいえることは……世界資本主義の帝国主義段階への移行期に、おくれてスタートした日本資本主義であることをまず確認したい……日本資本主義の世界史的位置がもたらす特殊性において、その特質を捉えていきたいと考える。日本資本主義に色濃くまつわる半封建的諸関係や軍事的性格の濃厚さも、この点から捉えていきたい。……こうした日本資本主義・帝国主義把握にたつとき、当然のことながら、第一に、日本帝国主義の成立、展開を分析するとき、世界帝国主義の不均衡発展の法則に関わってとらえることが要請されてくる。帝国主義段階への過渡期に、世界における最期の、アジアにおける最初の資本主義国として成立したがゆえに、その資本制経済を急速にうみだすための強力な政治権力として絶対主義的な天皇制を必要とした。この権力を承認しそのために働く意識の形成―、ばらばらな封建的藩意識から脱皮のための統一国家の意識形成が不可欠の要素となり、国民教化・教育政策の統治の比重を重くした。と同時に、第二に、すでに世界領土は分割しつくされていたゆえに、急速に成熟する資本主義のための原料、販売市場確保のための帝国主義的侵略による領土の再分割を必要とし、その競争の先頭にたつという早熟な資本主義国家としての性格をつよめていった。そのための侵略を合理化するイデオロギー教育が、設立の当初から意図されていた。また第三に、この急速な成熟は、プロレタリアートの創出となり、原始的資本蓄積のため、農民の犠牲をつよめ、つねに階級矛盾を強く内在させ、つねに顕在化する可能性をはらんでいた。それゆえにこの矛盾の緩和のための統治手段として教化・教育政策が重視された。この三つの契機からも、教化・教育政策は重要な位置を統治手段においてしめることになった」（『著作集』第一巻、七五～七六頁）。

海老原のこのような日本資本主義把握の方法は、当然その論証プロセスに反映していく。『現代日本教育政策史』のオリジナルの部分である大日本帝国憲法になぜ教育に関する記載がないのか、という問題分析にも通じていく。海老原は日本国に憲法を制定すべくヨーロッパを旅していた伊藤博文らの体験からくる人民支配観を重要視する。一八七四（明治七）年一月、板垣退助らの民撰議院設立建白書、七七年の不平士族の最大の反乱である西南戦争、八〇年三月、国会期成同盟の結成から八四年一〇月秩父事件の武力鎮圧までの自由民権運動の流れを受けて、憲法制定やむなしと判断した支配層は、伊藤を団長とする調査団をヨーロッパに派遣する。伊藤がヨーロッパ視察でとくに「心私ニ死処ヲ得ルノ心地」というぐらい感銘したのが、オーストリアのウィーンで出会ったロレンツ・フォン・シュタインの講義であった。

「今日ノ社会ニ於テ最モ甚シキ闘争ノ在スル所ハ、父子ノ間ニ在ルニ非ズ、治者被治者ノ間ニ在ルニ非ズ、労働者ト資本家ノ間ニ在リ。即チ資本無ク労働シテ生活セザルヲ得ザル者ト、資本有リテ労働セズシテ生活スルコトヲ得ル者トノ間ニ在リ。日本ニ於テハ、未ダ此ノ事無シト雖モ、経済上ノ活動益々盛ナルニ及デハ、何時起ルトモ計ル可ラザルナリ」（『著述集』第一巻、九〇頁）

とシュタインは伊藤に迫りくる階級分裂を説き、その解決方策を「上からの社会政策に求めて」いったのである。海老原はこのようにヨーロッパ先進地を視察した明治の若き支配者層の思想に注目しつつ、憲法に教育条項がなく、それが外交と軍事にならんで天皇の大権に起因した理由を考察していく。

伊藤博文らが目指すモデルとしての先進国においては、資本主義発展によって必然的に登場する労働者階級の存在があった。それはたんなる反抗ではなく、明らかに新しい体制の建設可能な階級としてあったのである。海老原はこの事実を重要視していく。後発型資本主義として世界史に位置づく日本資本主義下の教育の特色を先進国との比較で記述していくという方法は、明治支配層の思想の特色を解析していくことからはじまる。

「かくしてシュタインやグナイストらの発想の背景には、……ドイツにおける階級闘争の事実があったことを知るとき、彼らが、すでに日本における自由民権運動の抑圧に成功しえたとしても、つぎのプロレタリアートの登場を予想するとき、日本からはるばる学びにきた明治政府の若き高官たちの、二度とこの過ちをおかすなという教訓をこめて彼らの語りかけた意味がいっそう明確になる。そして日本の明治官僚が自己の政治支配の指導理論の支柱がここにあると共鳴したことの意味も把握することができるように思われる」（『著作集』第一巻、九六頁）。

この方向は、明治政府が実施していった政策が、国内矛盾に対抗していくという視点のみで考案されたのではなく、明らかに世界資本主義体制のもとで、日本資本主義をどのように発展させていくのかという方向で決していったと海老原は捉えていく。教育政策も当然その視点で把握されている。教育政策の軍事的側面についても、山形有朋内閣の教育政策観を、「山県有朋軍備意見」のなかで記されている教育論に注目して分析していく。そこでは、中国大陸に対する日本国の利権確保に向けて、「利益線ヲ保護スルノ外政」に対して欠くことのできないことは、第一が「兵備」であり、第二が教育であることを強調していた。その教育は、「愛国ノ念」を養成保持することが重要であり、「国益」を確保していくことであったとの山県の指摘を引用しつつ、「先進資本主義国におけるアジアの分割支配の危機に直面し、一面ではこれへの対決という危機感とともに、反面では、この分割支配に早期に進出しなければ、みずからの市場権争奪にたちおくれるという焦慮感とがいりまじった共通項として兵備と教育の重要性が主張されたのであった」と、帝国主義国家へと早急に脱皮しようとしていた日本資本主義に即して分析を加えていくのである。

海老原教育史学のこのような方法は、教育政策理念として現象してきた事象の性格を近代教育理念に近いのか、それとも封建的色彩の強いものであるのかを検討していくことで、その教育政策の時代規定をしていくという方法とは異なっている。それは、資本主義社会形成にとってどのような教育がもっとも具体性のあるものかを、その時代の支配者がどのような世界史認識のもとで構想し得たのかが重要な要因となる。世界史的には欧米資本主義諸国が帝国主義段階に達してアジア分割を推し進めるという時代における日本資本主義の展開過程こそが、教育政策規定の主力要因とする把握は、海老原が上原専禄《うえはらせんろく》から継承した認識構図でもある。上原の地域社会の民主化から国際連帯へという発想は、海老原においては日本国内における支配者層側が、資本主義発展の国際的展開のなかで構想していく政策に対抗していくために、運動のその必然的な方向として国際連帯として構成されなければならず、そのためにこそ「国民教育」が必要となったのである。その歴史的分析は帝国主義段階という歴史の舞台とかかわって行うことではじめて、上原の提起が歴史的に検証可能となっていったと言えよう。

海老原教育史学の後期の著作の中に「満洲国教育史研究」は重要な位置を占めることになる。しかし、海老原にとって、これはたんなる歴史の空白を埋めるという消極的な意味ではなかった。また、『現代教育科学のフロンティア』と称した著作における彼の分析は、たんに西欧マルクス主義ルネサンスを記念して研究集団を組織し、おこなったのではない。教育運動の側に研究主体をおき、現代資本主義国家と対峙していくためには、国際連帯を教育研究でいかに形成していくのかという問題意識があった。この意識を海老原は、明治以降の日本資本主義下の教育政策分析をとおして獲得していったと言えるのである。このように海老原教育史学を見ると、『現代教育政策史』は彼の教育科学研究の基礎となるべき著作であったことがわかる。

この著作の特徴を読んでいくためには、もう一つ落とせないことがある。それが運動史研究である。彼が本書の「はじめに」でも書いているように、海老原の問題意識は、教育運動の史的展開にあった。その対象は、生活綴方教育運動であり、北方性教育運動であった。急速な資本主義化のために他の資本主義国に対して教育政策の比重がきわめて高いとする日本社会の特質は、当然教育運動の形成にも大きく影響していく。そして運動の国際連帯の在り方もその影響を受けざるを得ない。海老原の教職員組合史観、日本における教育労働組合運動がけっして国内的な要因でのみ成立してきたものではない点を強調している。それが「エドキンテルン」への注目である。一九三〇年代の教育史の中でひときわ注目される教員運動に新興教育研究所（新教）・日本教育労働組合（教労）運動がある。新興教育研究所は、岩波日本資本主義発達史講座に「教化史」を寄稿していた山下徳治《やましたとくじ》を所長に組織された、戦前日本における教員運動の到達点的存在であった。それが成立してくる国際的背景を、海老原は「エドキンテルン」との関係において考察していくのである。『教育新潮』という雑誌にこれが紹介され、多くの教育運動家に影響を与えていったことが、日本の教育労働運動の前進に役立ったのではないかという分析は、今日でも興味深い。

「（一九二九年）一〇月になって全国教員組合結成への一段階として教文協会（教育文芸協会―相庭）を解散、小学校教員連盟にすることがきまった。発足した小学校教員連盟は、こうした（国際的な教育労働の動き―相庭）国際動向とエドキンテルンの方向を受け止め、昭和五年の第六回大会への課題調査『学校と社会的環境』をこの年の事業として企画したりした。また、そうであればこそ、一一月下旬に決定した行動のスローガンのなかには、これまでの諸組織にみられなかった『小学校の兵営化に反対せよ』、『軍国主義的教育を小学校全学科より排除せよ』の要求が掲げられるにいたったのである。それだけに当局の追及は一段ときびしいものになった。かくて、小学校教員連盟の段階で、エドキンテルンが指向する教師の権利闘争と帝国主義戦争反対、軍国主義教育反対をめざす教育労働者組織が誕生することになったのである。だから官憲側も『小学校教員連盟は確然たる階級的自覚の下に、潜行的に全国的結成へと進展したり。故に之が其の先行者啓明会との間に大なる時代的間隔が存在すること、言を俟たず』と評した。」（『著作集』第二巻、一四三頁）。

国際連帯の教育の必要性を強く押し出した点が、後期海老原教育史学の特徴であるが、彼がなぜその点にこだわりつづけたかは、日本の教職員組合が質的に成長してきた大きな原因を、その成立過程における国際教育労働者運動の影響と見なしてきたことによるといえる。本章の課題ではないが、植民地教育史に注目する理由も、同様に国際連帯の可能性をさぐるものであり、この『現代日本教育政策史』の問題意識をふまえてはじめて理解できるものであろう。

4　教育実践史（概念）をめぐって

教育労働運動が教育実践運動も含んで成長しなければならない必然性を、日本現代史のなかに論理的に位置づけようとしたのが、海老原の「教育実践概念」である。『現代日本教育実践史』、この「まくら」（一九八四年東京学芸大学大学院の講義の時の海老原の言葉）のような厚い著作に代表される歴史研究を貫くものは、この概念である。この著作の「序章　教育実践史研究の分析視角」を参考としながら、この概念をみていきたい。

海老原は、教育運動が成立していく基本的要件を資本主義発展との関係から以下のように述べる。

「資本制社会のもっとも基本的な担い手として労働者は、……やがて組織的運動にすすんでゆく。資本の絶対的剰余価値搾取に抗して、組合をつくり、工場法をかちとり、階級として成長をとげていく。それを促す作用として労働者の自己教育運動がどこの国でも組合結成にさきだって展開される。労働運動の不可欠の要素として、労働者教育運動が登場し、資本制分業の労働に抗しつつ、普遍人間的解放をめざす政治教育として出発し、やがて職業技術教育にとりくむことになる。さらに、自己自身の教育要求の実現にとどまらず、自らの階級の後続部隊である年少労働者の学習権擁護にたちあがる。そしてさらに、公教育批判に発展していく。公教育の無償化、教育内容の科学化、修学年限延長などの要求をかかげ、教育の機会均等の実現の展開をめざす『教育労働』が成立し発展する」（『著作集』第三巻、三〇頁）。

このように、労働運動の基本的構成要因として「自己教育」・「学習権」を捉え、その実現過程において教育運動の形成を海老原はみていく。教育実践も「教室内における教員と子どもとの関係」のみを捉える概念ではなく、資本主義制度との関係を重視し、規定していく。そこではとくに世界資本主義の帝国主義段階への移行という史的要因を含んで概念構成をしている点が特徴的である。

「労働者階級の教育運動の発展のなかで、聖職者から、教育労働者としての教員の階級的自覚化が始まり、『教育労働運動』が登場する。とりわけ、戦争の惨禍を前に、ヒューマンな平和への希求の実現と自らの社会的経済的劣悪化からの解放をめざし、『教育労働運動』が帝国主義段階において成立することになる。エドキンテルンの創設は、この意味で重要な世界教育史的意義を有する。支配階級の『観念工場』（本庄陸男）に働く教師から、教育労働者としての自己解放をめざす戦いが発展する。さらに、この自覚化の契機として無産階級子弟の教育が意図され、学校の確信、つまり『学校をブルジョアジーの階級支配の道具から転じて、社会の階級分裂を完全になくすための道具』（レーニン）への闘いが開始されることになる。明確な階級的自覚にたつ教育労働者によって、反権力的な性格をもつ『教育実践』が初めて登場することになる。科学的な社会・自然認識、豊かな感性と強健な身体、自治能力の形成などをめざす教育実践が展開される。ここで『教育実践』概念の現像が成立することになる」（『著作集』第三巻、三〇〜三一頁）。

教育実践概念の確立をこのように把握していくと、戦前日本における教育実践の到達点は、一九三〇年代の新興教育研究所の教育運動として現れることになる。この運動は、それまでの大正自由教育運動とは明らかに異なっていた。それは、教育課程の自主的編成運動であることである。もちろん、ほかにも反戦運動など政治的課題を真正面に据えて、その教育運動としての側面を担いきろうとした事実も十分に評価しなければならない。しかし、ここでは「教育実践」の一つの到達点が帝国主義批判を土台としつつ人間解放を展望してきた結果、教育内容にふみ込んで、大日本帝国憲法下の公教育を内在的に批判した点が大正自由教育と明らかに異なる点であり、その到達点が教育課程自主編成でもあったと見たい。海老原は「教労・新興教育実践の特質」について、「なんといっても明確な教育労働としての階級的自覚にたった実践であったということである。そして日本の無産階級の社会的解放の一翼をになう運動としての自覚をもっていたことである。自らの政治的自由のための闘いと経済的社会的地位向上のための闘い、それにくわえて無産階級子弟の解放への教育の闘いを、いわば三位一体として追究してゆこうとした点に歴史的特質があった」とした上で、この基本的立場のもとで「反戦平和の教育的実践」が意図されていったとし、その第一の特徴として次のように指摘している。

「――教育内容の科学的批判として行われた。まず教科書内容の徹底的批判として展開され、さらには、教材のさしかえ、逆用を始めとする自主編成への営為も遂行された。大正自由教育が方法上の革新という点では目をみはらせる多様さがあったが、内容批判・創造の乏しさと比べると対照的であった」(『著作集』第三巻、三三一頁)

なぜ海老原はこのように大正自由教育実践と新教・教労の実践との相違にこだわるのか。この点も海老原教育史学の特質である。国際教育労働運動を絶えず視点におさめ、それとの関係で日本の教育の特色を捉えていこうとする問題意識が、教育実践分析にも流れているのである。一九三〇年代におけるファシズム権力への教育運動の抵抗、その国際的状況は、どうであったのか。一九三〇年代日本の教育運動の共通性などを見出していきたいという問題意識は、当然国内的な範囲で教育実践を捉えていない。

「国際的にこの段階を展望すれば、教育運動は、反ファッショ闘争のなかでさらに前進していった。すなわち、一九三五年のコミンテルン第七回大会を決定的転機として、反ファッショ人民戦線の共同闘争綱領の一環に、教育要求が位置づけられ、人民戦線政府樹立の際の教育政策が樹立されていた。この動向は、民族解放統一戦線運動(中国、朝鮮など)のなかにも生まれていった。教育実践は、こうした反ファッショ人民戦線運動下の教育運動に支えられて質的な拡大がみられた。フランスの場合、アルジェで戦後改革プランがねられ、それが、戦後、ランジュヴァン・ワロン計画に結実していったし、イタリアでも、抗独レジスタンスのなかで戦後教育改革が、闘争の過程のなかでねりあげられていった。だが、わが国の場合には、残念ながら、一九三三年の教労長野の弾圧を山場に、抵抗主体を奪われたため、こうした組織的展望をもつことができず、個々の良心的な教師たちの最大限で職場の

『教育実践』での批判に止まらざるをえなくなったのである」(『著作集』第三巻、四一頁)。

このような箇所を読むとわかるとおり、海老原教育史学における「教育実践」の位置づけは、労働者階級を中心とする教育労働者たちの教育改革運動と基本的に接続して考えられているものなのである。教育政策を「教育の疎外形態」とおさえている海老原は、その本質の実現は教育運動によってなされていくものとする。それゆえに、教育労働を主として担っていく集団が、歴史的自覚のもとに教育をその内容から構想していくことが成立してくる時にはじめてその実践も成立する。海老原教育史学にとって、たんに「知識」や「生活文化」の伝達方法が教育実践ではなく、その「知識」や「生活文化」の有するイデオロギー性を自覚的に対象化することのできる階級意識が、教員集団に形成されていることがきわめて重要な評価基軸なのである。そしてこのように海老原教育史学をみてくると、海老原のイデオロギーへの関心がどのように位置づくかが重要な要因になる。次に海老原教育史学における「イデオロギー」概念について読みすすめていきたい。

5　イデオロギー概念へのこだわり

海老原は教育政策の基本目的を、労働力の形成、体制維持イデオロギーの教化、そして軍事的思想の教化に求めている。これは、海老原が宗像誠也の教育行政研究から批判的に継承してきたものである。ここで、海老原教育史学の独自性は、「体制維持イデオロギーの形成」機能としての教育政策を深く分析した点である。『現代日本教育政策史』の序章の部分で海老原は、教育政策の形成主体をブルジョアジーにおいた。そして、「国家とはなにか」という視点に立ち、マルクス主義国家論を深めている。そこで海老原が注目した先行学説が、イタリア共産党の理論家アントニオ・グラムシの言説であった。この点に入る前に、海老原がマルクス主義国家論をどのようにとらえているかを見ておきたい。海老原の現代国家論は以下に掲げるF・エンゲルスの規定からはじめられる。

「国家は、外部から押し付けられた権力では決してない。同じくまた、国家は、ヘーゲルが主張するように、『人倫的観念の現実性』、『理性の現実性』でもない。国家はむしろ一定の発展段階で社会が生み出す産物である。それは、この社会が解決不可能な自己矛盾におちいり、払いさる力が自分にはない、和解できない諸対立物に分裂したことの告白なのである。だがこれらの対立物、すなわち衝突する経済的利害をもつ諸階級が、むだな闘争のうちにわが身とこの社会とを消耗しつくすことがないようにするのには、外見上社会の上に立ってこの衝突を緩和し、それを『秩序』のわく内にとどめおくための一権力が必要となった。そして社会から生まれでながら社会の上に立ち、社会にとってますます疎遠なものになっていくこの権力が、国家なのである」（F・エンゲルス／土屋保男訳『家族・私有財産・国家の起源』新日本文庫、二七七〜二七八頁）。

国家論研究をこの規定にしたがっておさえた上で、現代国家の在り様についてふみ込んでいく。ここからが教条主義的でない海老原教育史学の魅力でもある。海老原はつづけて「階級支配の現実をみるとき、その暴力的抑圧機構のむきだしの支配によるよりは、社会的な公的職務の日常的遂行という姿であらわれ、最近では、とくに、それを合理化するイデオロギーとしての福祉国家論が登場している。そして、暴力的側面を内在的に強い衝動としてもち、その抑圧機能は、しだいに複雑で多様な膨大な機構の強化となって現象し、すすめられている。と同時に、支配階級の意識支配について、あらゆる手段が取られているのが現実である。われわれにとって問題は、この後者の問題をどう解くかにある」（『著作集』第一巻、三六〜三七頁）として国家論のなかに教育学的視点を組み込んでいこうとするものである。

海老原はマルクスの『資本論』における「一方の極に労働諸条件が資本として現われ、他方の極には自分の労働以外に売るべき何物ももたない人々が現われる、というだけでは、充分ではない。また、彼等をして余儀なく自由意思で自分を売らせるだけでも充分でない。資本制的生産の進行につれて、教育や伝統や習慣によりこの生産様式の要求を自明な自然法則として承認するような、労働者階級が発展する」という指摘に注目していく。海老原は、国家論の研究の現状において、このように「自明な自然法則」として労働者階級に認識させる方法こそ重要であるという点を見抜く。海老原はレーニンの「あらゆる抑圧政策は、自分の支配を確立するために二つの社会的機能を必要とする。刑吏の機能と坊主の機能とである」という指摘を援用しつつ、「そこで問題は、マルクスの指摘する『自明な自然法則』として被圧迫階級に承認させてゆく坊主権力の機能、とりわけ、教育のもつ役割の理論的解明がわれわれの課題となる」と述べるのである。つづけて彼はコンスタンチノーフの『史的唯物論』に記されている規定からも、また本庄《ほんじょう》陸男《むつお》の著作からも教育の社会的機能が十分に説明され尽くしていない点を、「階級社会における教育の社会的機能は、被支配階級への抑圧機能であり、また支配の階級的手段であり、学校がその機関であり、観念工場であることは提出されているのである。それが、いわば他の抑圧機構と、あるいは、宗教などとどんな関係のなかでその特質を教育はもつかについては、明示されていない。さらに、社会と国家との機能もあいまいなままに提出されている」と批判する。

海老原はこの解答をグラムシの国家論に求めていく。「国家＝強制の鎧をつけたヘゲモニー」というグラムシの有名な公式に海老原は注目していった。そして教育闘争を労働者とブルジョアジーとのヘゲモニー闘争として大きく理解しようとしたのである。

「社会と国家との関係」や「宗教との関係」にこだわり、教育をたんに「階級支配の道具」のみにおとしめず、そこから救い出したのは、海老原の教育観によるところが大きい。彼は、「国家の正統性」、つまり合意獲得機能について、エンゲルスの「どこでも社会的な職務遂行が政治的支配の基礎となっていたこと、そして政治的支配はまた、この社会的な職務執行を遂行した場合にかぎってひきつづき存続したことを、確認することとである」との指摘を重要視し、その社会的職務に教育の共同性を読み込む方向を開いていこうとした。換言すれば、教育という制度が社会発展における必然的産物であり、それは社会の存続と切り離すことができない事業であるとの確信が海老原にあったと言える。そのため海老原の教育史研究は、労働者階級がいかに自己のヘゲモニーを確立するかという点がその時代の重要なターニングポイントとして書かれている。また、先述した教育実践概念もこれが中核をなしており、教育政策の史的展開にしても「社会的職務」の形態をとりつつ、日本資本主義にとって有能な労働者形成・強力な兵士養成がいかに意図されてきたのかが重視されている。その意味で海老原教育史学にとってイデオロギー概念は見落とすことのできない支柱の一つである。

6　おわりに―叙述について―

最後に海老原教育史学の叙述方法について書いておきたい。彼の教育史の研究を概観していくと二つのスタイルに気がつく。一つが『現代日本教育政策史』における叙述方法であり、もう一つが、『民主教育実践史』的な叙述方法である。また教育政策史研究を著作として仕上げていくときに、山下徳治『教化史』の研究視角にも影響を受けていると考えられる箇所もあり、やや抽象論的論述部分がある。しかし、『民主教育実践史』や『昭和教育史の証言』のように具体的経験者の証言を生かし、自らの教育体験とを重ね合わせて書きつづっている著作は、『現代日本教育実践史』もそうであるが、明らかに読者層を「現場」教職員に向けていることがわかる。

読みやすくしている要因の一つが、資料選択の基準ではないかと考えられる。例えば、『民主教育実践史』の書き出し部分にあたる「一　敗戦・民主教育実践への模索」の所であるが、掲示資料のすべてが各県教職員組合編纂の手記であった。具体的には川崎教組や山形県教職員組合であり、埼玉県教職員組合のものである。

「放送は終わった……夏の熱気もなにも意識にのぼらない、白々とした空気が流れた。……真夏の太陽のもとでありながら、それは深夜のような、山川の静かさを感じた。……逃げるように本堂の横にある自分の部屋に入り、畳の上にあお向けにころがり、虚ろな眼で古い天井を眺めていた。時々油蝉の声が耳に入った」（杉山智男『川崎教育史』）のくだりのある資料の後で海老原は次のように述べる。

「これは一教師の感慨ではなく、敗戦を迎えた大多数の教師たちの共通の感情であった。しばらくは、ぼう然とした歴史的な時間の流れであった。」

彼はこのように一人の教師の自分史を、その時代を生きた教員たちの一般的感情ととらえ、そこから戦後の教育実践像を描きはじめていく。海老原の著作には多くの教員が登場するが、それは一人の個人としてではなく、戦中から敗戦へ、そして戦後教育運動を支える主体へと成長していく教師像であって、戦後民主主義を守り育てる教育労働者である。一人ひとりの個人の感性を捉えながら、絶えず全体像を描こうとしていく手法は、国民教育研究所時代において、多くの教育現場とのかかわりのなかから学んだものとみることができる。そのために、彼の教育実践関係の著作は、読みやすいのである。ただし、歴史研究の方法としては、その資料批判などの問題もあろう。

だが、歴史研究の資料としての扱い方、その一般性に多少の疑問を残しつつも、このような教育実践史を書こうとした背景には、「みんなが元気の出る教育運動」という海老原が学んだ理念があったと思える。その「元気」のもとが人びとの共感であり、また人びとが集まる場であり、そこでの連帯感であった。

先述したように彼は、市民の中に存在する「国家」への関心ゆえに、それを克服していくために、堪えず市民が支持するヘゲモニーを、教育労働者運動は獲得していくための展開が必要であると主張していた。だから、彼の教育史研究が「国家政策」に焦点化していながら、現状分析が「地域教育計画運動」を中核とした著作となっているのである。これは、海老原の教育理解が、学校教育という限られた範疇にとどまらず、本章の最初に書いたが、「国民教育」というテーマを絶えず意識してきたことの反映でもあろう。彼の国民教育論の特色は、学校教育の範囲を超えている。それは、主権者へとつらなる国民一人ひとりの自己教育的とりくみこそが、我が国を民主主義国家として形成していく過程であるとの理解を基礎としている。その教育的行為は、たんに学校だけで行われることでなく、地域社会総体で形成されていくもので、人びとの集まる場所、そこでの出会いにおいてこそ、その原理は生かされる。だから、「酒場」であり、「寅さんが政治をかたる時」も重要な教育的瞬間と見る。

教育政策史研究をひろく運動分析との関係で捉えていくという作業は、その前提にある問題意識として

「政策を変える」、あるいは「新たな政策提言をする」国民主体の形成を求めてきた海老原の、時代に対する姿勢でもあったと言えよう。「何のための研究なのか」「どのような立場の研究なのか」と絶えずわれわれ後継を叱咤激励してきた彼の背後にあるものを思うとき、現代という時代といかに研究をとおして向き合うべきかという厳しい問いを、海老原教育史学はわれわれに示している。（終）

第八章　生涯学習における歴史学習の意義

―宮坂廣作の作品と家永三郎の作品を手掛かりとして―

本章は宮坂廣作《みやさかこうさく》の作品を二つ取り上げ書評した節と、宮坂が生涯学習の本質として個人の自己決定過程を中核としてとらえていたことを踏まえ、この概念が歴史認識を検証するうえでどのくらい有効でありえるのか問うことを目的とする節からなる。後者は、家永三郎《いえながさぶろう》の『太平洋戦争』と『戦争責任』を読み解きつつ宮坂の概念を検証していくものである。ここで家永の作品を取り上げた理由は、第一に宮坂の家永戦争責任の評価である。家永が戦時体制下、一般の国民の戦争責任を問うていることに対し、宮坂は知る自由や基本的人権が極端に規制されている状況で責任を問うことができるのかと疑問を呈した点に注目したからである。宮坂は家永の戦争責任論を高く評価しつつも、知る自由もなく非人間的環境におかれた一般の人々の責任を問うことの意義について「一個の自由な人格、主体的な省察のできる人間を前提として責任論は成立する」のだから、「かつての日本人についての責任追及は当たらず」としていることに、ぼくは疑問を抱いたからである。二点目は、今日の日本社会にける戦争責任論の在り方についてである。後者について少しふれておきたい。

元外交官である東郷和彦《とうごうかずひこ》が安倍晋三《あべしんぞう》内閣の外交姿勢に対する危機意識から『危機の外交』を書いている。そこで歴史認識について戦争責任の視点からいくつかの提案をしている。その責任論は二つに分けられ解説されているのである。一つは「赤紙一枚で連れていかれた国民と、赤紙で国民を引っ張ったリーダーとでは明らかに責任が違う」とする考え方で「特定のグループに責任があるという立場」である。、もう一つが「時の勢いを支持した国全体としての責任を探求する」考え方である。東郷によれば前者の考え方は、「東京裁判の判決を国民が主体的に引き受けようという方向が生まれる」可能性があるとするもので、後者になると「指導者とそれに従う立場に立たされた国民との間に同じ責任があるとしても、国民それぞれに切れ目ない応分の責任があった」という考え方で、この考え方は「国全体としての責任を命にかえて引き受けた人たちは国民としての感謝の対象となる」というものである。[1]「戦争の惨禍」を被ったアジア民衆の視点から前者ならともかく後者の理論は理解しがたい。またそれだけではなく、後者の論理には国内で「戦争の惨禍」を被った日本人の視点がほぼ欠落していると考えられる。家永の責任論の視点はこの二つの視点を批判克服して、アジア民衆と日本人との間に平和と友好の橋を架けようとした歴史家の考察であり、同時に生涯学習の視点から見ても自己決定と主体形成を歴史とかかわらせながら推し進めていこうという民主主義社会建設への方向性を示した論理でもある。

以上の理由から本章では、やや古い家永三郎の二つの作品をあえてとりあげ、生涯学習の視点から「戦争」認識を論じてみることにした。

1　宮坂廣作著『生涯学習の遺産―近代日本社会教育史論―』を読む

―生涯学習を歴史的に考察すること―

はじめに

本節は宮坂著『生涯学習の遺産』をてがかりに、生涯学習の遺産をどのように評価し継承していくかを考察する。タイトルからすると書評のようであるが、この本を読んで、教育における『遺産』をいかに現代に引き付けて、批判検証するのかという少しばかり面倒な課題を宮坂の歴史的考察の成果を借りて挑んでみたいというのが狙いである。

批判継承の方法であるが、まずこの本を読むと、様々なレベルの戦前日本における社会教育論者たちが登場してくる。それは乗杉嘉寿《のりすぎよしひさ》であったり、和合恒男《わごうつねお》であったり、また穂積重遠《ほづみしげとお》であったりする。これらの論者をなぜ取り上げるのかについては、「生涯学習の実践者として、学習活動を継続し、人格発達において高度な水準に達した人物に魅きつけられる。業績が高いというのは選択の基準ではなく、世俗における地位の高下も問題にならない。いかに誠実に自己形成をしたかが、重要な点で、挫折にどう立ち向かい、克服しようとしたかがポイントとなる」と述べている。このような選択基準について宮坂の問題意識からの選択であるので、これが成功しているかどうかを検証することが必要であろう。

検証の視点として本論では、成人に対する教育方法的視点を用いて検証したい。ここで言う教育方法的視点とは、簡単に言うと教育を行う人間が、学習者をどのようにとらえるかということ、そして学習者に対して教育者はどのようなふるまいをするか、またどのような具体的な方法で学習者にアプローチするかである。宮坂の本を読んでいくと、人物の実践検証の箇所に絶えず成人教育の方法論が登場し、それが人物の評価にかなり影響を与えている。宮坂は「序章　生涯学習の遺産発掘と生涯発達史研究」で「そもそも社会教育なり生涯学習などの研究をする目的をどう考えるべきであろうか」という極めてラディカルな問いを発している。これは社会教育研究者にとって途方もなく重い。宮坂自身はそれについて、この章の中で展望を述べている。「なぜに、そのような人々は自立・自律して生き、人間性の高貴を保ちえたのであろうか。その自己形成の営みは、いかに展開されたのか。その営みに、官・民の実施する社会教育、生涯学習推進事業はどうかかわり、どんな貢献をなしえたか―こんな問いを携えて、生涯発達史の研究を行う」と記している。

「自立・自律」とはなにか。いかなる時にどのようにそれを評価するのか。それとも評価そのものが必要ない相対主義でいいのか。この本を読んだときにこの点が強く残った。宮坂は登場人物に評価を与えている。その評価の基軸が成人教育の方法論と読める。この点を中心として宮坂廣作著『生涯学習の遺産』を読んでいきたい。

Teaching stale と Teaching Method

最初にこの概念を少し論じておきたい。Teaching stale と Teaching Method とはイギリス成人教育の研究者P・ジャービスが「教える」ことの分析で用いた概念である。Teaching stale は、「教える」側に立つ人物が実践の場で醸し出す個性のようなもので、その人が独自に持つふるまい方や表現の仕方、あるいは他人を見つめる態度のような形式を指す。その人独特の個性というべきものと考えてよい。これに対して

Teaching Method は、具体的に事物をどのような手順で教えていくべきかという方法を指す。言い換えればスキルであり、それゆえに科学的で伝達可能な技術と理解できる。この両者は追求していくと、前者は個別化され、教育者の数だけそのスタイルは存在することになる。これに対し後者は追求していくとますます理論化され、普遍化されていく。この二つの概念は高めていくとかい離していきそうだが、実はそうではない。個性化されたスタイルこそ、メソドを利用することができるという関係にある。P・ジャービスは、この概念を用いることで、実際に教育実践の中に隠れていた教育の重要な部分を暴き出す可能性を示唆している(2)。

誰でも経験があると思うが、学校である事象を教授するとき、同じような教え方をしても、教えてくれる先生によって学習者の理解が違うことがある。それを学習者と教育者との愛想の違いとか、学習者の好みとか、あるいは先生の人がらなどで説明し、あまり教育技術とは関係性のないものとして扱ってきた。かつて教育法則化運動というものがあったが、その前提は、教育方法は伝達可能であり、それは誰でも、言い換えれば教員の個性に関係なく習得可能だという前提があって成立する考え方であった。そこでは先生の「個性」は教育にはあまり関係がないとして位置づけられていたと視ることができる。ジャービスの提起はこれにダウトをかけたのである。

しかし、実はこのジャービスの視点は決して新しいことではない。社会思想史研究の分野に目を向けると、極めてよく似た論理を見いだすことができる。近代社会を建設する思想的営為をなしえた多くの思想家たちは、その社会が形成するべき人間観を構想した。ここで新しい社会を担う人間を形成する方法として教育思想が形づくられるわけだが、この方法自体に、人間観が現れる。平等な社会を実現する人間はその教育において平等観を学習しなければならない。教育⇕学習関係が不平等な状態で教育を受けて育つ人間は、成人になって不平等を実現する人間となるので、平等な社会を構成することができない。このように見てくると、社会観と教育観、あるいは社会思想と教育思想は、その前提となる人間観をとおして深く結びついていると言える。

このことは、教育方法と学習者の理解の論理にも基本的にあてはまる。社会をどのように捉えるかということは、人間の関係をどのように捉えるかということで、関係を取り結ぶ一人一人の個人をどのように理解していくかと同値である。教育・学習過程は、個人から個人への情報の伝達過程であるから受け手の方が、その情報を必要としなければ関係が成り立たない。送り手はそれを送るために何らかの目的意識を持っているが、それが受け手(学習者)の要望と一致する保証はない。だから学習者を理解する必要が生じる。そしてその学習者が自己とどのような関係にあるかということは、そのまま教育する側が学習者と自己との関係をどのように捉えているかとして現れる。つまり学習者の側に立つこと自体が、学習者のニーズを理解することを意味しているが、それは学習者の教育者の対する位置がわかるから成立する関係であると言える。この学習者の側に立つ(あるいは立たない)という思想をつくるのが教育者の社会観となるのである。Teaching Stale このような社会観の反映とみることができるのである。

宮坂の教育の遺産

以上のように教育⇕学習関係を捉えてみたうえで、宮坂が指摘した遺産の評価を確認していきたい。一章「大正期の社会教育」の章では、「欧米成人教育の紹介」と「理論的基礎としての社会的教育学」

「思想善導的社会教育論」の三つの視点から批判検討がなされている。ここでとくに注目したい点は、「理論的基礎としての社会的教育学」に対する評価である。宮坂は日本の社会教育の理論的根拠として社会的教育学・進歩主義教育思想、プロレットカルト論をあげる。その中で大正・昭和期の社会教育論の多くが社会的教育学をもとに構想されている点に注目する。しかし、これは戦後社会教育学会の評価と大きくずれる。戦後社会教育研究者は、この社会的教育学を戦前社会教育の基礎としていたことに対して、社会教育と社会的教育の誤解と混乱であるとして扱った。これに対し宮坂論は異なる。「彼らの理論が混乱しているようにみえるのは、当時社会的教育学（説）もまた「社会教育」と呼ばれる習慣があったために、広義の社会教育（学説）と狭義の社会教育（事業）の両概念を並列して説明し、前者（学説）によって後者（事業）の理論づけを試みようとしているのであって、……両者を混同しているわけではない。……自己の理論的基礎についての反省を欠いた評論的随想や、出来合いの理論を無造作にこね混ぜる折衷学派も少なくない戦後社会教育学にくらべて、戦前社会教育学が社会的教育学（説）という理論的支柱を求めたことには、かえって、敬意を表すべきであり、「未熟」呼ばわりするゆわれはない」と論じる。宮坂が、このように社会的教育学と戦前社会教育の関連を高く評価するのは、社会的教育学の理論家でもあるP・ナトルプの社会観にたいする宮坂の深い理解がある。宮坂は、「問題にすべきは、戦前社会教育学者たちが欧米の社会的教育学説を輸入するさいに、その原型を歪曲し、原型の持つ欠陥をいっそう拡大して日本的風土に移植した点であ（3）」るとする。この後に展開するナトルプ論は宮坂のナトルプ理解の深さを物語る。宮坂はナトルプが教育思想を展開するに当たり、その基盤となるべき社会観が資本主義批判にあると理解し、そのうえで、ナルトプの人間観を描くことでその評価軸をさだめ、なぜ日本の社会教育論者たちが正確に日本にその思想を持ち込めなかったかを論じている。少し長くなるが引用したい。

「ナトルプの社会観・教育観および社会的教育学説の観念論的性格はいうまでもないことだが、それは一面において利己を原則とする資本主義の「利益社会」的現実や、その社会の低次の次元における政治・経済の手段としての地位におとしめられている教育、外的権威の抑圧のもとの注入主義的教授、社会統制としての民衆教化に対する、理念の世界からのきびしい告発という性格ももっている。かつてカントが思想における近代を確立したとき提言した、自己および他者の人格における人間性の自己目的的性格という基本命題が、人間を単なる労働力として商品化する資本主義社会の現実によって愚弄されていることに対して、精神の自律性――精神の完全な独立と共同社会の他の全てについて支配的位置に立つこと――をあくまで強調し、わが内なる神の声に聴き、真実と高貴と人間性と人間的品位とを価値基準とし、教育とはすべて自由なる自己陶冶でなければならないとナトルプは主張しているのである。しかるに、わが国の社会教育論者たちは、個人を天皇制国家の秩序とイデオロギーのなかに同化することが社会教育だと考え、社会的陶冶活動は経済的・政治的抑圧の影響から可及的に独立すべきだというナトルプの「陶冶組織の絶対的自律」への主張を、超階級的な公教育の人間教育主義で労働者階級の教育要求をはぐらかすことに利用しようとした。ナトルプの主張の根底になっている精神の自律、自己生成の原理は背後におしやられ、ナトルプ後年のブルジョア民族主義的・神秘主義的傾向のみが不当に拡大されて移植されたのである(4)」

宮坂はこのようにナトルプの思想全体を把握したうえで、戦前・戦後の社会教育史研究の成果をとらえ返していく。社会教育(成人教育)の必然性というべき歴史的状況に即してその限界とそれが挑戦した時代を的確に指摘する視点は、生涯教育の遺産を引き継ぐ謙虚で厳しい姿勢と言える。

続いて宮坂の書は、労働者教育の遺産の分析に移る。「第二章　労働者教育の遺産」である。この章では、大正―昭和初期の労働者教育の概況が描かれ、つづいて協調会系労働者教育について紹介されている。ここでは協調会の労務者講習会が紹介され、それにかかわった官僚の労働者理解について検討が加えられている。そこで取り上げられているのが、小尾《おび》範治《はんじ》と関谷《せきや》龍吉《りゅうきち》である。かれらは二人ともイギリス大学拡張運動や労働者教育協会についても知っていた。ただ、彼らが学びとったものは「真理」を追究することではなかった。宮坂はこの点をチュートリアル・クラスの扱いを例にとり、以下のように述べる。「イギリスのチュートリアル・クラスでは、学問研究の手つづきが重視され、『真理』があくまでも尊重されたのにたいし、ここでは人間形成が最も大切だとされた」つまり、「真理」の追及と学問の手続きは極めて合理的な思考を要求する。そのうえその結果が現実社会の在り様と齟齬を起こすと、学習者――ここでは労働者たちはその不合理な社会を合理的に変革しようとなる。これでは、政府が労働者教育を主催した意味がない。だから、そのように社会秩序に反抗しないように教育していくためには、「人間形成」という論理が援用されることになる。小尾の論理は、まさにそのように作られていた。宮坂は、以下のようにまとめる。

「人は人間であることが究極の存在形態であり、人間になることが教育の最終目的であるとする人間観・教育観を、小尾はとっているのである。労働運動は労働者の生命たりえず、労働運動の闘士養成などという目標は狭隘な路であるから、「人間教養の大道に立」たねばならないと説教している。労働者の階級意識を解除して、ひと（個人・国民・公民）という一般的意識に導こうとするのが、小尾の労働者教育論である。「労働運動の闘士養成を離れては労働者教育は骨抜きになる」という、「内外労働運動従事者の側」からの批判をかわすべく、小尾は人間形成の教育論を説くのである。これは思想善導論の一形態である。(5)」

宮坂はこのように官制労働者教育論の限界性を指摘する。また、このような小尾たちが展開した労働者教育に対して、大正―昭和期に日本労働学校の試みがある。これは、友愛会の労働問題講演会の流れを受け、一九二〇年東京労働講習会からはじまる労働者に対して組織的な教育を行うことを目指した画期的な労働者教育であった。これはのち労働者教育協会となり、日本労働学校が開始される。宮坂はこの日本労働学校を関根悦郎《せきねえつろう》の資料に基づき紹介分析をしている。そして同時の大阪労働学校、神戸労働学校、神奈川労働学校、大学セツルメント労働学校を紹介検討する。宮坂の具体的な史料の利用による労働学校の説明はかなりの説得力を持つ。と同時に当時労働学校の運営を担当する側がいかに苦労していたのかを理解することができる。学習者の多くが最高でも尋常小学校卒業という学歴であり、そのうえ日々労働の現場で働いているために学問をする時間が取れない。そのうえ講師は高学歴の講師がほとんどで、よく労働者の実態を理解していないと、出席率が下がっていく。それゆえに教育方法等の工夫を必要とするという現場からの声が紹介されている。これこそアカデミズムと現実社会との出会いである。

宮坂はこのように歴史現実を把握したうえで、この歴史から如何なる「遺産」をつかみ出すのか。宮坂は以下のような問いを立てている。「本稿の主題たる『戦前労働者教育の遺産』とは、何なのであろうか。」そして、宮坂は続けて以下のように述べる。

「戦前でいえば労働者教育は成人教育の中で最も困難な分野であった。当時の労働者は学歴・学力に欠けており、貧困と過酷な労働条件のもとにあって、学習をする意欲も客観的条件ももたなかった。たとえ学習したいという労働者があっても、学習の機会はめったに与えられなかった。こういう状況の中で、労働者の解放を希望し、そのために労働者に教育の機会を提供しようと志した人びとがいた。(6)」

宮坂は、困難な状況にあっても、労働者の解放を志した人たちの生きざまにその意義を見いだす。宮坂が歴史からとり出そうとしたことは、彼らの労働者教育の実践は、実践者の学問の学問水準の高さであり、良心的知識人の生きざまに他ならなかったと読める。

「近代社会教育の遺産」を捉えること

宮坂が指摘しているとおり、「労働学校は必ずしも成功しなかった」のが歴史の現実である。またそこでの実践がどのくらい日本近代史に影響を及ぼしえたのかはかなり少ないであろう。また、社会教育の進展に資する成果がたくさん見つかるのかといえばそれも心もとないと思われる。宮坂は歴史家としてそれを十分に理解したうえで、次のように述べる。

「労働学校についての歴史的知識を探ることで、何が得られるのであろうか。第一に、成人教育の方法について、学びうる遺産があるはずである。しかし、それ以上に、そうした学習機会を提供しようとして苦心さんたんした知識人・学者たちの思想と情熱についてこそ学ぶべきであろう。それは、イギリスにおいて労働者教育の発展に貢献した進歩的なインテリゲンチャたち——たとえばアーノルド・トインビー、H・トウニイ、D・G・H・コールなど——と共通する、人間解放と社会的正義を願うことから発する営為であった。もとより、歴史は道徳教育の具ではない。また、そうしてはならない。しかし、過去の人々の志と、それを遂げようとした真摯な実践から学ぼうとしない人々は、今日の己の行為について反省することもないであろう。」
「筆者はかねてから末弘や穂積、我妻を高く評価し、彼らこそは大学人による生涯学習指導の手本と考えている。アカデミズムの中で評価される業績を量産し、しかも民衆・市民の法律理解を深めるための啓蒙活動に力を注いだ。彼らの卓越した知的能力がそれを可能にしたことが明らかであるが、彼らの志の高さを欠いては、とてもなしえなかったであろう。……中略……末弘や穂積の民法学は、両者のタイプこそ違っていても、市民法学的なものによって支えられ、上からくるところの残酷な法規をできるだけ緩和しようとするものであり、「真にヒューマンでリベラルな、真理と正義を愛する精神の力」に貫かれたものであった[7]」

このように宮坂の「遺産」の評価を概観してくると、宮坂は社会教育実践者のアカデミズムの水準（その獲得努力をふくめて）に可能性を見いだし、アカデミズムにより構成される教育スタイルに評価の視点を置いていると読める。言い換えると、大学を中心として形成された「知」の市民社会への広がりが成人教育の展開過程であり、それを支えていく知識人が生涯学習の実践者としてみなされ、評価対象とされる。これは宮坂がイギリス成人教育史の研究から学び取った視点である。アカデミズムの中で厳しく批判にさらされそれに耐えきれる「知」が人々の自由と平等という意識の形成を支える。宮坂の社会教育史研究の視点は、制度の成立過程や概念の形成過程を追うというものではなく、時代の中で奮闘した人物の思想形成過程にいかに光を当てるかというであり、それを中心として書かれているのである。まさに「Teaching Stale」の形成史と言えるものである。

おわりに

以上、宮坂廣作著『生涯学習の遺産』を、「第一章　大正期の社会教育論」および「第二章　労働者教育の遺産」に注目してそこに現れる実践の評価を基軸に評者のやや独断で見てきた。この二つの章に宮坂の近代社会教育の遺産を評価する主軸が典型的に表れていると考えたからである。もし宮坂先生がご健在であればあまりに勝手な読みにあきれられるかもしれない。しかし、このような勝手な読み方も許されるくらい本書は完成度の高い作品であると言える。宮坂廣作のような作品を世に出す社会教育・生涯学習の研究者がはたして現れるのだろうか。精緻で細かく、客観的で論争にならない研究が主流を占める昨今、学問の大きさを突き付けられる作品であることを本節の最後に記しておきたい。

2　宮坂廣作著『生涯学習と自己形成』を読む

我が師である宮坂廣作先生が他界された。生前自らの著書を書評するようにと先生から言われたぼくは、まさか先生の最後の作品を先生亡き後に拝読し、それに感想を記すことになるとは思わずに引き受けた。先生の書には、これは「遺書である」と書かれていて、それに値する重みある内容である。また本書は宮坂社会教育学研究の到達点であると言ってもよい。その内容と比してあまりに対照的なぼくがそれを読み感想を書くことに大いにためらいもあるが、お断りするにもご本人がすでにこの世になく、その方法がないから敢えて筆を執ることになった。宮坂のこの書からは社会教育学研究や生涯学習研究が何を追求していく学問であるのかを知ることができる。それゆえに本書に収録し、その成果を時代を検証する基礎としてみたい。

本書は、教育学研究を歴史的視点から長年続けてきた著者が、現代日本が抱える本質的な問題――日本社会の将来とその主権者を育てる教育についての問題――を「生涯学習と自己形成」という枠組みで解き明かそうとするものである。章構成は全七章からなり、序章が本書のタイトルでもある「生涯学習と自己形成」そして「近代日本における学生の教養」「捨玉得花」「『徒然草』をどう読むか」と続き、「歴史意識の形成と生涯学習」「歴史意識と平和問題」、最後の章に「生死の問題と生涯学習」が置かれている。全体的に、まとまりのいい作品で、著者が教育学と生涯学習と言う概念を最初の章で丁寧に述べたうえで、現代日本の学生が置かれている問題点を「教養」という視点から歴史的に解析していく内容である。そして、「自己形成」という概念装置の可能性を、飯島宗一の思想を素材に展開している。その上で、歴史を学習していく意味を『徒然草』という古典を素材に、生涯学習理論で問うたのち、歴史意識の分析を深めていくという流れを創り出し、おわりに「生と死」をおき、まさしく生涯学習の最終章としているのだ。

本来書評というものはすべての章を網羅し、丹念に作者の論理を整理したうえで評者の読後感をわかりやすく記すものと理解されている。そしてその評価を第三者が読み、作品そのもののガイドとすることができるように記すことが、書評の基本的役割であろう。しかし、評者はこのことをすべて行う能力がない。それに、師に対する心の距離が近すぎるために、客観的評者になりきる自信がない。そこで、自分勝手に関心のある、言い換えると最も感銘した章に絞って紹介をしていくことでその責任を果たしていきたい。

最初に序章である。この章が著者の教育学について総括的位置を占めていると読める。この章で著者は、教育と教育学そして生涯学習について端的にまとめている。最初に著者の言う自己形成とはどのようなものかを説明してから、教育学・生涯教育についてまとめている。評者は指導教官である著者のこのような端的なまとめをかつて読んだことがなかった。よってここに引用したい。

「自然と社会は相互に浸透しあっている。人間はかかる自然・社会のうちにうまれる。環境は人間に作用し、人間をつくる。人間は環境によってつくられつつ、自己を形成する。人間は、環境によって規定されつつ、逆に環境をつくり変える。環境を改変する行為をなすことを通じて、自己をつくり変えていく。人間は歴史における創造主体である。自己形成は同時に世界形成であり、人間は世界形成に関わることによってのみ自己を形成しうるのである。[8]」

「教育とは、意図的な社会的形成の努力である。教育の主体は社会であり、社会の存続・維持発展のためには、教育という機能を必要とする。社会は、その早い発達段階において教育的機能を発現した。家族の中で、あるいは血縁集団の中で、年長世代は年少世代にことばを教え、家族や集団のルールを教え、生活様式を教えて後継者を育成した。やがて、教育過程は生活過程から分離され、教育の組織化が進んだ。近代社会になると、組織化が高度になって、近代公教育制度が成立するようになった。近代社会の経済形態は資本主義であるから、それが必要とする労働力の陶冶が、公教育制度に課せられた任務である。また、近代社会の政治体制は民主主義であるから、その運用に参加することのできる公民を、公教育制度は育成しなければならない。[9]」

「自己形成というのは、社会や歴史によって規定される人生にあきたりず、自己の意志、自己の選択と決定にもとづいて、自覚的にわが人生を創造して行こうとすることである。伝統文化によって規制され、常識に支配されて他者と同じような行動をするのではなく、創造的・個性的な人生を送ろうとする営みである。そもそも人間というのは、さまざまな欲求とアイディアを生みだし、多様な生き方ができる存在であり、自己を変化させることへの願望を持った存在である。環境に適応するために自己を変えるだけではなく、環境を変えるために自己の能力を高める。環境を変えつつ、自己をかえて行く。(10)」

以上は著者が規定した、「自己形成」と「教育」についての文章である。著者はこの規定を書くに当たって、参考とした論者について引用注を付している。最初の部分はランドマン・M『人間学としての人類学』(谷口茂訳)であり、次の箇所は田浦武雄《たうらたけお》の論である。しかし、著者宮坂の文を一読してわかるように、この箇所はマルクス主義の人間学としてみることができるくらい、唯物弁証法的人間論が基礎となっているかのように読める。ただ宮坂教育学の論理は、既存の社会変革に教育が付き従うという構造ではなく、あくまで個人の自己実現を基礎におき、その上に自己決定という自由意志を介して、社会と対置している点である。その自由意志により決定されるプロセスが「自己形成」とされているのである。その上でこの「自己形成」が教育と対置されるという論理構造をもっている。それゆえ、既存のマルクス主義教育学とは異なり、「革命の為の指導論理」が入りにくくなっている。実はここが宮坂教育学の特徴ではないかと評者は理解しているのである。

この論理は続く第一章を読み進めていくと理解できると思う。「近代日本における学生の教養」と題した章は、大学における教養教育のあり方に対する提起として書かれたものであった。章全体は歴史論となっており、構成も明治期一九世紀末から二〇世紀初頭、大正教養主義の時代そして昭和戦時期と時代を追ってそのときの代表的人物の青年論を論じている。この人物の選定がおもしろい。例えば最初に取り上げられる人物が鈴木力《すずきちから》である。著者は鈴木の一八九一年に書かれた作品を取り上げ、そこでの主張を紹介していく。おもしろいのはこの作品への注目の仕方である。鈴木は一八九〇年日清戦争後変動していく社会にあって、学生たちが娯楽生活に興じていく姿を批判しつつ、社会と学生との関係を「階級と秩序」という枠組みで捉えている。宮坂はこの論理を具体的に以下のようにまとめ紹介していくのである。「政権は君主の身辺を取り巻く少数藩閥党の手にあり、財富は与党・権力に依存・抑迎する政商が占領し、学者社会にあっては博士・大博士などの称号を持つ者が特権を弄して教育を左右しているといった秩序の支配のもとでは、一国の正当な進歩発展は期待すべくもない。鈴木は、秩序と階級は紙一重だと言い、秩序が尊重されすぎると社会は保守の気風にみたされ、進取・活動は抑圧されるようになって、社会は枯死するに至る、と論じる」(11)。宮坂の鈴木論の総括的紹介は、以上の内容からも読み取れるように、宮坂自身が今の社会に対して抱いている危惧そのものでもある。先の紹介した教育と自己形成からも判断できるように社会の中で人間は形成されるのだけど、しかし人間は社会そのものを変えることができる。それは常識や秩序といった社会の構造を批判的に捉え直すことである。鈴木の論理は、この批判的精神を「秩序の尊重」が押しつぶす危険がある点を見逃さなかった。その箇所を宮坂は注目し、最初の検討対象にして第一章は構成されている。

　著者の構想を読み解くためには、著者が分析対象を評価していく理論基軸を読者は理解しなければならない。この基軸がわかりにくいと、なぜ考察対象を評価できるのかを理解していくのが難しい。その点本書は、先に引用した箇所を押さえてから読み解くと素直に読み進めていくことができる。確かに思想家やその作品を読み、紹介分析していくときに「現代」をそこに読み込むことの問題性はなくはないだろう。しかし、評者は今日の日本社会の教育＝社会情勢に対して著者が抱く危機意識に共感できるためか、この点についてあまり問題にならないどころか、むしろ新鮮にさえ思えた。

第二章および第三章は思想分析と歴史作品の学習が持つ生涯学習的意義についての論考である。書評としては踏み込んで紹介するべきではあるが、評者にその力量がないのと後の四章および五章の歴史意識分析の方を先に読んでから戻ったほうがわかりやすいと思う。今回の書評では四・五章を見ていきたい。

四章は、民衆の歴史認識を地域の歴史的人物である武田信玄の評価について長野県と山梨県の両県の評価を比較して論じていく。その前提として歴史を正確に押さえることの重要性を、自らの研究会の実践を紹介しつつ論じ、そこで成人が獲得した歴史認識の転換の難しさを論じている。この箇所は、著者の生涯学習研究者としての姿勢がよくあわされていておもしろく読める。まるで、東京大学大学院時代のゼミナールのようであった。評者は思わず懐かしく涙が出てきそうになった。著者は、人が自己の歴史認識を自己形成していくことの意義を郷土の論理に即して把握していくことの重要性と歴史学の方法と成果に裏打ちされた歴史認識を獲得していく重要性を武田信玄の研究を通して論じる。武田信玄は長野の人にとってどうであったのか。著者はこの人物像が郷土の人たちにどの様に語られ、それがその住民の自己形成にどの様な影響を与えたのか。そしてその歴史像は戦後民主社会のどのような点を映し出しているのか。著者はこの点を戦国武将の描かれ方から読み取っていくのだ。そしてその論理は戦後歴史教育批判にもなっていく。宮坂の言葉を聞きたい。

「戦後の歴史教育が科学的真理を教えることに努め、感情や評価を極力禁欲し、教科書が客観的記述に終始したのは、戦前の愛国史観・天皇史観・道徳史観に対する反省として十分意味のあることであった。しかし、歴史という科目は、５Ｗ１Ｈについて暗記することだとこどもたちに思わせ、しかも一番大切な Why についての自主的考察を行う学習が不十分だったことは反省されねばならない。生徒が疑問を発し、問題意識が育つようにしなかったことこそ、戦前の歴史教育の最大の弱点であった。……中略（相庭）……それを言うのは、戦前少年時代の筆者の意識の中で、戦国時代の英雄たちの他国侵略は近代日本帝国のアジア侵略と、天下制覇は八紘一宇の世界支配と、イメージでも論理でも直接つながっていたからである。占領した国で信玄が善政をしたという話は、朝鮮や満州、南方諸地域における日本軍政のあるべき姿として聴き、謙信の情けは人々に対する仁政の教えとして学んだのであった。恥ずべきことに、「大志」や「号令」をそのまま肯定し、いささかの疑問や批判もなく、「東洋の平和」を理想としたのである。武田軍によって進攻された被占領地としての諏訪などという観念は、郷土史の教師にも教わっている生徒たちの中にもまったくなく、むしろ強者・英雄として信玄に同一化していた。こんにち大河ドラマにはまっている大人たち・同郷人たちが、かつての筆者のように無批判・無自覚に、戦国時代や英雄を肯定するのであれば、平和・人権・民主主義を旗印にしてきた戦後教育は無意味だったことになる。(12)」

宮坂のこの分析は大変おもしろかった。評者もこんにちの戦国ブームに同様のことを感じてきた。戦国時代に夢やロマンなどあったのだろうか。確かに細かくみればあったかもしれない。しかし、現実は「戦乱の時代、策謀と虐殺が横行し、多くの貴重な文化財が破壊され民衆が苦難に喘いだ、暗黒の時代」と捉える宮坂の歴史意識にはまったく同感である。評者には多くの人々が現代社会の将来が見えず、自らのロマンと夢を大河ドラマの中に見いだそうとしている姿が現代社会の貧困を現しているように見える。そのため、「戦後教育は無意味だった」と強烈に批判した言説は、宮坂の民主主義へのこだわりであったように読めるのだ。また宮坂の地域民主主義へのこだわりは、郷土の歴史に分け入ることでそこに根を張る伝統的保守主義の克服を歴史認識の「自己形成」から克服していこうとするものであった。

そのような意味で戦後平和の問題についても自己決定と関わらせて論じているのだ。第五章は自らの学生生活と戦前戦後の社会変化を関連させながら自分史的に論じている。評者個人としては、自分の指導教官が彼の指導教官である宮原誠一《みやはらせいいち》先生に限りなくお世話になったところなどとてもおもしろく読めたが、これは歴史認識の理論的探究とはやや離れて読んだため、評者の個人的感想の領域をでない。ただ、この五章の最後で戦争責任論に言及した箇所は少し考えさせられた。それは家永三郎《いえながさぶろう》『戦争責任』について論じている箇所である。家永の論理を正確に引用要約した後、宮坂は次のように記している。「過去の歴史的行為について、「あの時代にはああするよりほかにいたしかたなかった」とか、「戦争中のことについて戦後になってあれこれいえない」とかいった責任否定の言い逃れは、「人間の本質に照らして」成り立たない、と家永は言うのである。この点について、筆者に迷いがない訳ではない。戦前・戦中の日本人は、学校で「教育勅語」の忠君愛国思想、とくに「一旦緩急あれば義勇公に奉じ」という考えを徹底して教え込まれていた。家庭や社会でもこうしたイデオロギーが、支配的価値観であった。社会でも軍隊でも、地位の上下を問わず、程度の差はあれ、その価値観が人々の思考様式を規定していた。もともと思想や思考の自由を奪われていたのだから選択の自由などありえなかったのではないか、と考えるのである。一個の自由な人格、主体的な省察ができる人間を前提にして責任論は成立する。(13)」このように著者は家永責任論について述べている箇所がある。評者はこの点について若干の違和感を持たざるを得ない。確かに人道的責任論ならこの説明はつくかもしれない。しかし、近代国家を前提とし、そこにおいて個人の自己形成を中核に社会を構成する論理を組む時、「主体的に省察ができる人間」をその責任論のスタート地点におけるのだろうか。また、確かに戦争責任の直接的当事者はその指導者である点は著者の指摘の通りである。だがそれ以外を人々に「選択の自由」がなかったことを理由に責任論から外すという論理は、「自由を獲得していく過程」がまさに社会を変えていく過程で、そこで関わっていくことが人間の自己決定の中核であるとしてきた宮坂廣作教育学と矛盾してしまわないだろうか。この点が第五章を読み解いてきて考えさせられたことである。ご存命中、是非問いたかったことでもある。

宮坂先生は、評者にとって最大の師であった。それは、地域社会の可能性と矛盾に向かう研究者としての姿勢を教えてくれたからである。東京大学大学院をでて、新潟大学に職を持ってから先生とはゆっくりお話しする時間もなかった。日本教職員組合のシンクタンクである教育文化総合研究所の研究チームを二年間組んだ。そのときはすでに「師と弟子」という関係ではなく、共同研究のスタッフとして先生はぼくを扱ってくれた。それゆえ「自由な討議」と言うより、教育運動に責任を持つことの方が優先され、当然のことではあるが、先生の学問論を聞く機会ではなかった。先生にはつたない作品を二冊送った。そのとき、励ましの手紙をもらい、何度も読み返した。その先生から先生最後の著作を書評するようにと依頼されたことは、言葉に表すことのできない思いがある。先生のご冥福をお祈りして拙い文をおえたい。

3　家永三郎「太平洋戦争」をよむ

はじめに

本節は家永三郎の『太平洋戦争』を手掛かりとして、その特色を概観したうえで、戦争責任について考察するものである。前節での宮坂廣作の家永戦争責任論に対して僕なりの見解を提起することを意図するものである。

著者家永三郎は教科書裁判などを教育関係者によく知られた歴史学者である。彼の作品は多岐にわたり、ほぼ日本史全体を対象としているきわめて博識に富むものが多い。その中で『太平洋戦争』は、ひときわ輝いている作品の一つである。家永のこの作品の問題意識は、現代の日本社会が抱えている問題を見事に射抜いていると読むことができる。

家永は「第一篇　戦争はどうして阻止できなかったか」の「はじめに」で、「日本の社会構造に注目することが特に重要なことは、疑いを入れない」として次のように記している。

「大局的に見たときに、農村の近代化がすすめられず、農民の生活水準が低く、国内購買力のとぼしかったことが、日本の資本主義をして、まだ帝国主義的段階に達していない早い時期から海外進出に向かわせ、帝国主義段階に入って以降、いよいよその方向が押し進められ、しかも絶対主義体制の制約を受けその進出がいちじるしい軍事的色彩を帯びる傾向が強かったこと、こうした社会経済的条件が戦争を誘起したもっとも重要な原因であったことは、否定しがたいであろう。[14]」

このような見方を示したうえで、それでも戦争を阻止できた可能性があったのではないかというきわめて鋭い問題意識のもと太平洋戦争の歴史を描こうとしている。この問題意識は、戦後社会を考察するうえできわめて大きな示唆に富む。

社会経済的条件の考察は、戦前の日本資本主義を前提としてその侵略性と好戦的性格を描くと確かに説得力を持つし、その時代の批判理論を構成するためには極めて重要なことである。戦前史的唯物論に基づいた日本資本主義の構造解明は多くの成果を上げた。例えば山田盛太郎《やまだもりたろう》が『日本資本主義分析』を著し、特高の厳しい監視下、日本資本主義の再生産構造を明確に理解しようとした試みは、戦前日本の社会変革と強く結びついていた[15]。この視点と姿勢は戦後日本資本主義が、対米従属で復活し、再び対外覇権をアメリカと結びつくことで遂行しようとしている現状を構造的に把握するうえでは重要なことである。だが一つだけ、この方法だと欠落してしまう点がある。それは、構造が変化したことで、戦争への危機が変化ないしは戦前と違ってきたかのような理解が生じることである。地主制および財閥の解体、そして何よりも主権が天皇から国民に変わったこと、それに伴う法制上の革命的な変化は、大日本帝国憲法下で構造的貧困に追い込まれていた多くの日本人をとりあえず「豊か」にした。この経済的豊かさと日本国憲法の下で確立した人権は日本に市民社会の成長をもたらした。少なくても侵略戦争をすることで国内資本の発展をめざした大日本帝国とは異なり、戦後の日本国は主権在民の理念のもと日本国憲法九条と平和産業を主軸に対米従属路線のもと発展を遂げてきた。これが日本社会全体の持つ戦争への危機意識をかなり変えてきた。だが今日日本人の歴史認識と自己の主権者認識に目を移すと、戦後日本の民主主義は、大日本帝国憲法をきちんと克服できているのだろうかという疑問が残るのである。

　家永の問題意識は、この点を鋭くものである。それは、戦争阻止の条件を探るという作業は、戦争遂行勢力がいかにその条件を剥奪してきたのかという歴史現実と向き合うことであるからだ。戦争をするためには国際関係においては相手国を蔑み、国内関係では戦争批判の言論を封殺し、国民にきわめて狭い社会認識・国際認識を強要しなければならい。家永の太平洋戦争史はこの点に力点が置かれている。一九六七年に書かれた作品であるが、まるで現代日本社会を見通しているような作品である。

太平洋戦争の歴史の見方

「太平洋戦争の細部の史実については、戦後四〇年の間に多くの史料・研究が公刊され、事実認識の精緻の度を加えてくる反面、もっとも重要な本質面の認識があいまいになるきらいがあり一般国民の戦争観には「のどもと過ぎれば熱さを忘れる」に類した退歩の傾向が顕著となってきたことは、軽視できないであろう。」現代よりもすでに三〇年も前から戦争体験の「風化」が進行している。なぜこのような『風化』現象が起こるのか。それは時間の流れであるといえば、それだけではない。むしろ戦争に関する本質的認識の欠落ではないか。

家永のこのような意識のもと戦争阻止ができなかった要因の第一に、日本人の中国・朝鮮に対する認識を取り上げる。「第一章　中国・朝鮮に対する政策・意識の根本的な誤りと歪み」ではそのことが克明に分析される。そして第二の要因として「戦争に対する批判的否定的意識の形成抑止」を挙げ、その具体的施策が「治安立法による表現の自由の抑圧」と「公教育の権力統制による国民意識の画一化」であるとした。そして第三の要因が「軍の反民主性・非合理性」であるとしている。言い換えると、アジア、特に中国・朝鮮に対する差別意識とそれを克服するための合理的思考形成を阻害する教育、そして戦争を具体的に進める軍隊の非合理な組織およびその不条理な運営形態を挙げていると言える。このことが家永の「戦争に対する本質的認識」を構成する重要な視点である。以下家永の主張を見ていきたい。

対朝鮮・中国認識の歪み―敵対的民族・国家へ―

家永は日本の近代化が農村の前近代的性質を温存して推し進められていたがゆえに、近代的国家関係・

民族などの認識を十分に理解しえなかった点に注目する。彼は以下のように記している。

「民族の平等とか国際的正義とかいう視点を持ってするよりも、常に力対力の関係で国際関係を見る偏見を免れることができず（日本の不平等条約からの解放の努力も、国際正義とか民族の平等とかいう観念に立脚したものであったとは認めがたい）、弱肉強食の現実に無批判的に追随し、強者に対して卑屈に迎合するか力学的に反撥するかのいずれかの態度しかとりえない一面、弱者に対しては傲慢にこれを圧服しようとする態度をとることが、社会的地位・立場の相違をこえて共通にうかがわれるのである。そこには、四海同胞の精神を欠き、異国・異民族を敵国か支配の対象としてのほか考え得なかった封建時代以来の伝統的観念が依然として生命を保っていたのではあるまいか。(16)」

家永のこの指摘は現代日本社会の置かれた状況を的確に言い当てている。敗戦後、アメリカ合衆国に従属し、それと対象的にアジア諸国に対する傲慢な姿勢は、国際関係を対等な関係として理解することを困難している。また現代日本の外交姿勢は、一九八〇年代に尹健次《ユンコンチャ》が『異質との共存』（岩波書店）で指摘しているとおり(17)、近代的な民族理解を欠落させ、軍事力が国際関係を決定するという思考に強く傾斜したものとなっている。

家永の指摘する対朝鮮・中国に対する認識の歪みとは、彼によれば朝鮮に対しては一八七六年日朝修好条規の締結を契機としてそれまでしばしば傲慢であった態度が鮮明になり、また中国に対しては日清戦争を契機として極めて差別的態度をとるようになったとしている。アジアに対する基本的な姿勢は福沢諭吉《ふくざわゆきち》の『脱亜論』にも端的に読めるよう近代日本の基本戦略を形成する基盤とも言えるものであった。家永は日清・日露戦後の勝利が多くの日本人の対朝鮮・中国認識を規定する点を「日清・日露の両戦争で日本が犠牲を払ってこれら中国領土を植民地ないし半植民地として獲得したという歴史が、日本人をしてあたかも日本がこれら中国領土を帝国主義的に支配する当然の権利を有するものであるかのごとき心理を抱かせる根拠となった。(18)」と述べている。

　大正末から昭和初頭にかけて、国際協調主義と軍備縮小を基調として展開された外交政策を主導した幣《しで》原《はら》喜《き》重郎《じゅうろう》の思想にもこの排他的な認識は強く影を落としている。家永は、一九二八年に慶應義塾で行った講演記録と一九三一年八月に中国の有力外交官陳友仁《ちんゆうじん》との会談記録に基づいて、「幣原さえも、……陳に向い、「支那人は満州を支那のものと考へてゐる。だが、それはロシアのものだった。自然の推移に放置せられていたらば、満州は疾くに清国領土中より喪失せられたること疑を容れない。清国をして此の広大なる沃地を保持せしめたる所以のものは、実に日本の武力干渉に外ならない。日露戦争の終結以来、満州は支那の他地方に嘗って見ない程度の平和と繁栄とを獲得した。斯くの如き東北諸省の発展が少くとも一部は日本の同地方に於ける企業及び投資の結果なることは、我が国民の確信する所である」と言って日本の満州支配の正当性を力説している」と彼の中国認識を指摘している。また石原莞爾《いしはらかんじ》の主張もその典型的な表れであると次のように指摘している。

　「石原は満州侵略実行の首謀者であり、太平洋戦争の放火者中でも中心に位置する人物であったが、石原の侵略構想は決して石原個人の突飛な思いつきではなく、多年にわたり培われてきた隣接アジア諸民族に対する日本人のいわれのない侮辱意識と、その意識に基づいて実行されてきた帝国主義政策とが、石原の頭脳の中で典型的な形をとって体系化されたものというべきである。(19)」

続けて家永は、「このような（排他的差別的—相庭）意識と政策とを根本的に転換させないかぎり、民族意識にめざめ、帝国主義的な支配からの脱却のためにたたかいはじめていた中国との武力衝突は不可避であったと思われる」としたうえで、「日本国民が……対中国人、朝鮮人意識の歪みを反省できず、帝国主義政策とそれから生ずる戦争について批判的な考え方を持ちえなかったのは何故であったろうか[20]」との問いを立てる。その答えが、戦争政策に対する批判的否定的意識の形成抑止である指摘する。その抑止には二つの方法がある。一つが批判的表現を抑圧し、戦争政策批判者を直接取り締まるという表現の直接的弾圧と、他の一つが批判的思考形成そのものの成長過程を抑圧するための公教育の権力統制による国民意識の画一化である。

表現の自由の抑圧と公教育の国家統制による国民意識の画一化

日本国民は十五年戦争敗戦による大日本帝国の崩壊まで表現の自由を一度も享受したことがなかった。一八八九年天下り的に公布された大日本帝国憲法は、基本的人権の無制限的保障をなす規定がなく、表現の自由はただ法律の範囲内において認められるというものであった。治安維持法などは、社会主義の思想・運動を徹底弾圧するために立法されたが、実際の施行では、権力側が好ましくないと認めた思想・運動まで弾圧対象になった。家永はこのような状況にある国民の状態を以下のように観る。

「国民は日本の国家・社会の根幹にふれる重要な問題について、真実を知り、自由な意見を交換することによって、日本の将来の進路につき自由にその方向を選ぶ可能性をほとんど全面的に閉ざされてしまったのである。」

「もちろん官憲の忌諱にふれるような思想がすべてすぐれたものばかりであったわけではないけれど、

それにしても、きわめて重要な事実・思想の自由な伝達の不可能な社会では、国民意識の健全な成長は望めない。他の問題はしばらく措き、本書の主題とするところに限定してみても、戦争に対する否定的批判的な思想の表現はもとより、そのような思想を形成するために必要な事実の報道までも困難な条件の下では、国民はおのずから権力の志向する軍国主義の方向にのみ、その視野と思索とを限定せられることを免れなかったのである。[21]」

表現の自由、そして知る権利は個々人の社会を観る基本的権利である。これが大幅に抑圧されている状況下では多くの人々は、その社会の方向性を判断できない。家永は、大日本帝国憲法下での生活が批判的思考を剥奪していった結果として太平洋戦争は遂行され、結果大日本帝国は崩壊したと見ていくのである。家永の分析の中核にはその国家がいかに民主的であるかという視点が貫かれている。民主主義国家の客観的な条件として、表現の自由が位置づいていることが重要で、それに支えられ国民に自由な思考が形成されることになるが、そのために教育は極めて重要な位置づけが与えられる。大日本帝国憲法下では、この主体的な国民形成をいかに抑圧し、国家権力にとって従順な「臣民」をいかに形成するかが重要なことであった。家永は公教育の在り方を以下のように見ている。

「公教育による国民意識の画一化の歴史的意義は、画一化という形式面ばかりでなく、どのような実質的内容の意識に画一化されたかという点にかかっているが、画一化政策が自由民権運動との思想的対決をきっかけとして形成されてきたその当然の結果として、反民主主義的国権主義の教育を推進してきたものであっただけに、その効果のもつ意味は重大であった。民主主義政治と人権保障の憲法を求めた民権運動を鎮圧し、天皇制絶対主義憲法を制定した国家権力は、天皇を単に政治的元首としてではなく、『古事記』『日本書紀』の神話に由来する神聖な権威をもつ君主として国民に崇敬させ、同時に天皇を元首とする権力への無条件服従の心情を植えつけようとし、憲法発布の翌年には教育勅語をつくり、これと相前後して各学校で開始された祝日の式で天皇の「御真影」に対する「最敬礼」とともに教育勅語の「奉読」の儀礼を行なわせ、幼年時代から天皇とその国家への畏服の習性を肉体的に定着させる方式をつくり出したのである。(22)」

このような教育を思想的に支えてきたのが、教育勅語である。教育勅語は一八九〇年一〇月三〇日に公布された大日本帝国憲法体制を支える重要な教育方針であり、国民支配の中核的思想とも言える。家永はそれについて以下のように記している。

「勅語には「国憲ヲ重ジ国法ニ遵ヒ」の一句があり、形式的には立憲政治を前提とするたてまえをとっているけれど、本来国家権力の限界を画し人権の保障を究極目的とする近代憲法の基本理念が逆転し、権力の制限ではなく国民の一方的遵法のみを強調するという形でしか憲法にふれえなかった勅語に、人権尊重の精神の全く欠如していたことはいうまでもない。教育勅語の精神にしたがって展開される公教育が、近代憲法理念とは全く相反する権力への無条件服従の方向に傾斜して行ったのは、当然であった。(23)」

さらに家永は、権力が教育に期待したことについて、以下のように指摘する。家永のこの指摘は、教育勅語の「一旦緩急アレハ義勇公ニ奉シ以テ天壌無窮ノ皇運ヲ扶翼スヘシ」との個所を見事に指摘したものと言える。家永は「権力は、服従という消極的な形にとどまらず、積極的に国策へ協力する心情を培うことを教育に期待した。そのうちでも特に身命をなげうっても進んで戦争遂行に奉仕する軍国主義的心情の培養が「忠君愛国」の重要な内容として強調されたのである」[24]と述べている。この把握がないと好戦的な国民感情が教育により形成されてきたという視点は理解できない。さらに続けて、教育界全体が強力な統制のもとにおかれ、一切の権力に対する疑問を封じたことが、太平洋戦争を阻止できなかった重要な要因であるとまとめる。

「戦前の国民に好戦的な心情を培い、戦争に対する批判的否定的意識をもつことを困難ならしめたのは、必ずしも以上に例示したごとき、軍国主義的教育内容だけの力でなく、教育全体が文部省の強力な統制下において画一化され、教師にも父母にも教育の自由がなく、教師の職務上の独立権も認められず、児童・生徒・学生にも学習の自由が与えられず、総じて科学的に社会を見る目を養い、特に権力に対する批判の精神を身につけた人間を形成することがほとんどできないような実情であったところに根本の原因が求められている」[25]と家永は言う。時の権力者にとってみると権力批判は自己の統治の正当性を脅かす可能性があるため、時には力によって抑え込むという事実は、歴史が語っている。しかしそのことによって多くの国民が悲惨な現実と向き合わなければならなかったことも歴史の現実である。家永のこの指摘は現代にも当てはまる。家永と全く立場も思想も違う元防衛官僚柳沢協二《やなぎさわきょうじ》の言説を一つだけ紹介して次に進みたい。

「今安倍内閣のやっていることの中に……教育制度をいじろうとしていることがあります。ただ教育の目的とは何かというと、……国民が国を自分のものだと思うようになることなのです。それは、単純に愛国心といったような話ではない。……学問の目的とは、国が自分のものであるということ、もっと社会科学的に言えば「国民主権」ですが、自分たちが国のあるじであるという立場で、自分の国が今置かれている状況や、自分の国がやっていることについて、健全な批判精神を持てるかどうか、そのために必要な基礎知識を身に着けることが、学問、特に高等教育の一番大きな目的だと思うのです。……中略……教育は実は非常に重要です。よく、「右」の立場の人でも、国防の基本はまず教育だという。その言葉に関する限りは、そのとおりだと思います。ただ、それは盲目的な国への服従ということではない。ルールを教え、自分を、あるいは自分の国を客観的に見るための視点を与えていくのが教育です。それが健全に機能して初めて、個人が思想的・人格的に独立し、そしてそのような人たちが健全な民主主義を行うことによって、国家が独立していくというプロセスがあるのではないでしょうか(26)。」

軍隊内の非民主的性格と非合理制度

国民が戦争遂行に対して批判的な意見を持ちえなかった一方で、戦争の直接遂行者である軍隊は、ほぼ無制限に近い意思決定と行動の自由を持っていたと家永は指摘する。戦争遂行に関して自由であるということとその軍隊内生活が自由であることとはけっして一致しない。それどころか軍隊内では徴兵制で集められた兵士たちの人権などは皆無に等しかった。家永はこの軍隊が天皇の統帥権を利用し、帝国憲法の枠を超えて戦争を遂行していった点を指摘するだけでなく、兵士たちの人権が無視されている点に着目する。「(兵士たちに対する—相庭)過酷な取り扱いは、人権の全く無視されている特殊世界内で階層を追って抑圧を下級者に転嫁することにより心理的重圧に抜け道を与えるための必然的なメカニズムであったと見ることができ、したがって抑圧は下に降れば降るほど雪達磨のように大きくなって、それより下に移譲することのできぬ最下層にある新兵にそのすべてが集中的にかぶさってくるのを免れなかった(27)」。

家永はこのように述べ、抑圧の移譲が公然と軍隊内で行われていた点を指摘し、最下層に敷かれた兵士たちが置かれた非人間的状況を推察する。しかし、この非人間的状況こそが南京をはじめとする日本軍の占領地域での残虐行為をうむ元凶でもあった。家永は「平素抑圧されている心理が人間的合理性を無視した破壊的行動の中に不満を爆発させるのも、自分たちの人権が全く無視されている人たちが自分の実力下に置かれた弱者の人権を無視する行動に出るのも、それぞれ必然だったといわなければなるまい。[28]」と指摘する。軍という圧倒的な力の下に占領された中国人を人間として扱う発想は出る可能性がない。国内では中国・朝鮮人を差別的に扱うことを教わり、軍隊内秩序を守ることを絶対とし、自己の戦争に対して正確な情報も得ることなく、戦争目的も分からない中、多くの日本兵は占領地での残虐行為に加担させられていったのである。

　このような組織が維持され続けた要因を、下士官たちの戦争遂行にたいする意欲の構造的理解に向ける。家永は「非人間的な世界であったにもかかわらず、下士官たちの大多数が自ら進んで志願し、熱心にその職務に当ったのは、彼らにとっては、軍隊がきわめて居心地のよい世界であったからに外ならない」と分析する。家永は下士官たちにとって軍隊がなぜ魅力的な組織であるかを以下のように分析している。

「訓練が終ると新兵が争って班長の脚下にかけよってその巻脚絆をとり、入浴時には石鹸を提供し背中を流すという阿諛迎合《あゆげいごう》に囲まれた快感、娑婆ではどのような社会的地位の高い家、どのような金持ちの息子でも、ひとたび営内に入れば全くそのプレステージが抹殺されるという軍隊外では全然期待されぬ「平等」主義、そういうことよりもまず自分の生家での苛烈な労働に比べれば軍隊のつらさなど「遥かに楽」であり、「大した苦労でもない、百姓よりはむしろ良い」。腹いっぱい飯が食え、一定年限勤続すれば恩給がつく。耕作すべき田地を入手するあてもない貧農の次三男たちにとり、軍隊生活の魅力が絶大であったとしても、ふしぎではないであろう。」軍隊外の日常生活が貧しく不平等であればあるほど、軍隊内の生活で保障される自らの地位に自己の満足を得る。現実には命令一つで戦場に行き、敵と殺しあわねばならない。このような明日が保障されない生活であるがゆえに、下士官たちは軍隊内の非合理な生活に自己を見出していったと言える。家永はこの下士官たちの生き様を以下のように位置付けている。

「兵卒を直接に教育し統率する重要な役割をになう下士官たちは、おおむねそのような（貧困な―相庭）階層の出身だったのであり、非人間的な方法で勇猛な戦士の再生産を継続できた日本軍の「強さ」の根源は、そうした非人間的な世界よりもはるかに非人間的な生活を余儀なくされていた日本の農村の貧しさにあったと言うことができる。[29]」

「他民族を抑圧する民族に自由はない」（F・エンゲルス）と指摘されるが、まさに大日本帝国の国内に抱え込んだ差別構造が他民族に対し非人間的な残虐さを発揮したこの典型的な事象であった。

反戦の可能性

以上見てきたように家永は、他国に対する排外意識と差別意識、教育による権利主体の剝奪、体制批判の自由の剝奪、軍隊内の非合理性を指摘してきたが、それでも彼は、このような歪んだ社会を批判し、戦争反対を提起した人々の存在を記すことを忘れていない。「この暗黒な時代において、断固転向や迎合を拒み、侵略戦争に反対の態度を堅持し、反戦平和の大義を守り抜いた人々が、少数ながら実在した事実を私たちは見逃してはならない。」と指摘する。家永は抵抗の在り方を「消極的抵抗」と「積極的抵抗」とに分ける。

「消極的抵抗」は戦争の潮流に乗ることなく、自分の世界に入り、戦争協力的言動を発信しないということで戦争協力をしない姿勢を意味している。また、積極的抵抗は戦争により国民生活が崩れていくのを的確に指摘し戦争の継続を批判する姿勢である。前者については荒畑寒村《あらはたかんそん》や文芸人石川三四郎《いしかわさんしろう》、学会人では中井正一《なかいまさかず》、加藤正《かとうただし》、戸坂潤《とさかじゅん》たちを掲げている。また後者は合法的抵抗と非合法的抵抗とに分け、合法的抵抗は細々ではあるが労働条件の保障を目的に展開された労働運動や学会での矢内原忠雄《やないはらただお》らの批判的言動をさし、非合法抵抗では、軍隊の拒否で自ら命を絶つものであり、国内の秘密活動および獄中生活での抵抗そして国外からの反戦運動であったとしている。家永はこのような活動を丁寧に明らかにしつつも、おなじくファシズムの暴政下におかれながら反体制運動を展開したスペイン、ドイツおよび日本の圧政下にありながらもアジアの諸民族がこぞって抗日ゲリラ戦を展開した事実と比較したとき、「ひとり日本国民のみが、戦争勢力を自らの手で打倒しその主体性において平和を回復することができず、支配層から先手を打たれてはじめて「終戦」を天下り式に与えられるという受動的態度に終始したことは、いちじるしい特色を示している」と指摘している。そしてこの点こそが戦後民主化の在り方を規定している点を重視するのである。「確かに日本国民の抵抗は実効という点ではそれほど弱く無力であった。」としつつも、「後人がその内から限りないはげましと豊かな教訓とを汲み出すに足りうる内容をもっているとするならば、それはやはり歴史的遺産として高く評価すべきであろう」と述べる。家永のこの評価は、戦後民主主義社会をいかに理解するかという点とリンクする。先に見たとおり、戦争体制下の日本国民は国民自らの反抗により戦争を終結させたわけではない。だが、それでも国内に抵抗の可能性が少しでもあったという事実は決して軽視すべきではない。これらが持つ意味は「微弱ながら断続的に醸成されてきた民主主義・平和主義の伝統が、暗黒時代においても完全に絶滅せしめられず、一縷の光を守りつづけてきたことを意味し、日本の歴史がそうした側面においても、戦争期によって中断することなく、……連続していることをいみする」(30)として、家永は民主主義的可能性を歴史の延長線上観見ているのである。

戦争の終結・国体護持と戦後

家永は戦争終結の過程が戦争動員されてきた人々の手によるものではなく、戦争政策を指導してきた人々の手によってなされてきたことに戦後日本の民主主義の在り方を規定していく要因があることを見抜いていく。そしてその終戦の過程においてさえも軍規違反があり、それを不問とした政権内部のありようにこそ、太平洋戦争の特徴がよく表れている現象として読み、戦争指導者の講和に伴う責任意識および日本国の戦争責任を考察する必要性を以下のように記している。

「さまざまな終戦工作があったとしても、いずれも重臣層を通じ天皇を動かすことにより終戦に持ち込もうという着想によるものであって、結局その形で実現を見たわけであり、国民の下からの自主的な戦争終結運動がついに最後まで企画できなかった」。

家永は、このように戦争終結時の日本の状況を見定めたうえで指導者の意識を以下のように述べる。

「彼らが戦争を終結させようというのも……戦争とその根源をなす思想および体制に正面から対決する意図から出たものではなかったのである。」その典型的な思想を一九四四年七月一八日の近衛文麿《このえふみまろ》の重臣会議での発言や四五年二月一四日の上奏文に見る。家永は「軍隊内の共産主義者のために「大東亜戦争」は引き起こされたとの前提に立ち、敗戦より恐るべきは革命であって、「国体護持」のために一日も早く戦争を終結せねばならぬと説いている」と指摘している。それに付け加え家永は、戦争指導者が大日本帝国憲法下の法律においてさえも、犯罪にあたる行為を自ら裁くことができなかった点に重点を置きその戦争の本質を次のようにまとめている。

「ただここでぜひ一言しておかねばならぬことは、宮城内の反乱の計画に対し、陸軍大臣阿南惟幾が、一時これを容認する態度を示したばかりでなく、その防止のためになんらの措置も講じなかった事実である。すなわち阿南は反乱の予備陰謀に参加した罪、あるいは少なくとも反乱防止の義務を故意に尽くさなかった不作為の罪（不真正不作為犯）を犯した責任は免れない。十五年戦争が柳条湖の関東軍の犯罪から始まり、陸軍大臣を含む降伏時の犯罪に終わったところに、この戦争の本質をよく露呈しているというべきであろう。」

以上のように家永は太平洋戦争が戦前法制を前提としてもいかに不法な戦争であったかを、歴史の現実から分析している。そのうえで終戦政策を国民の手で行うことができなかった点を強調しつつも、アメリカ主導で作られた日本国憲法については、自由民権運動以来歴史の中に停留していた民権論の思想に注目し以下のように述べる。歴史家家永が『植木枝盛研究』を典型とした明治期の自由民権運動史と格闘した成果を垣間見る気がする。少し長くなるが、家永の戦後日本国憲法体制についての展望を引用しておく。

「ポツダム宣言に基づき、連合軍の名において日本を占領したアメリカ軍により、日本の民主化・非軍事化改革が進められた。日本の陸海軍は解体し、治安立法は、対占領軍関係の表現の自由の制限を除いては全廃され、次いで日本国憲法の制定となって、国民主権と基本的人権の保障と戦争放棄・戦力不保持との三大理念を軸とする新しい国家体制が制度的に確立されるにいたった。天皇主権の下で国民の自由を強く拘束しつつ強大な戦力を用いてアジアの平和をかき乱してきた大日本帝国は、ここに一応消滅し、新しい平和主義の日本国が生まれ出たのである。……有史以来未曽有の悲劇が、人権感覚の欠落とその基盤の上に存立する軍の反民主性・非合理性に直接由来したと考えられるかぎり、その根源を絶つための制度的改革の行われたことは、日本にとり画期的なできごとであったといってよかろう。くり返し言うとおり、日本国民は、戦争勢力の打倒による平和の回復と民主化とを自力で達成できなかったのである。」

「日本国憲法の基本的な構想は、一部日本人がひそかに期待していた願望と一致しているばかりではなく、さかのぼればかつて明治一〇年代に自由民権論者が実現しようと努力しつつ実現できなかった国民的願望でもあったのだ。日本国憲法より四分の三世紀以前に日本国民が希求した理想が、十五年戦争というあまりにも高価な犠牲をはらったのちにようやく実現したものという客観的意義を有するばかりでなく、占領軍がその原案を起草するにあたり、自由民権論者の私擬憲法案を参考として起草された日本人有志の憲法研究会の草案から多くを取り入れているので、実質的にも日本人の願望を多分に包含しており、決して占領軍の単純な「おしつけ」によるものと断定できぬ性質をもつのを看過してはならぬ。(31)」

家永はこのように戦争の終結とその後の体制の形成過程の特色そして戦後民主主義を形成していく日本人の生きざまに戦争で死んでいった人々とを重ね合わせたときに、歴史家として多くの人々の非業の死をいかにとらえるかという問題の対する厳格な答えが戦争責任論を明らかにすることと考えたと言えるのである。

4 戦争責任をどう考えるか——家永の『戦争責任』論——

「十五年戦争の赤裸々な真相を科学的に再認識しかつその成果をできるだけ多数の人々の共同財産たらしめ、再び悲劇の到来を防止するために役立たたらしめることによってのみ、私たちは戦火の中で非業の死をとげた何千万の犠牲者に対し、はじめて生き残った者としての償いの一端を果たすことができるのではあるまいか。[32]」家永三郎『太平洋戦争』はこの文章をもって終わる。家永はこの本のあと『戦争責任』を執筆している。これが家永の戦争責任論を全面展開したものである。家永は本書を『太平洋戦争』の姉妹編として位置付けている。以下、簡単に家永の論理を追ってみたい。

家永は一九八五年の段階で戦争責任を論じる理由について四点を挙げている。まず一点目に十五年戦争の惨禍のために回復しがたい心身の痛みに悩みながら生きている人々がまだ少なからず見出されること、二点目が日本ではあの『戦争の惨禍』を惹起したことに対する責任のけじめが明確につけられることなく今日にいたっていること、三点目が将来への危険を阻止し、世界の平和と人類の安全とを確保するためにも、戦争責任の所在を的確な形で確認することが不可欠の課題であり、特に十五年戦争を開始し遂行した日本国国民にとり国内的にも国際的にも回避できない課題であること。そして四点目が戦争責任を学問・言論界で全体的の取り上げ体系的に示したものがないとしている。

家永は戦争責任がどうして生じるのか論じる前提として、「戦争の惨禍」は「天災地変のような、人間の意思によらず、また人力をもって予防も阻止もできない自然現象によって生じた被害と異なり、人間の意思と行為とによって開始され遂行された戦争という社会的事象の結果であるからこそ、その責任が問題となる」とする。そして家永は歴史と責任について「歴史が人間の主体的実践の軌跡であり、なんらかの形または程度において人間の意思がはたらくことなしに展開するものではないから、自然科学的法則により必然的に発生し継起する自然現象の場合と同じように必然不可避ということはできない。通常、歴史のなかで個人にせよ集団にせよ、なんらかの意思決定をおこない、それに基づいてある行為をする場合に、ただ一つの道しかなく、他に選択肢が一つもない、というような場合は少ないのではなかろうか。たいていの場合、複数の選択肢があって、そのいずれかを選んで意思を決定しているのである」と述べる。

つづけて家永は、選択肢の可能性をその時代に求めることについて、

「選ばれた選択肢のほかに他の選択肢があったかどうかを判断するためにいちばん役に立つのは、同じ時期の同じ社会において選ばれた決定と異なる選択の主張または実践があったかどうかを検討することである。……責任があるかどうかを判断のためには、常に現実に選ばれることなく無視されたり排斥されたり圧殺されたりした反対意見あるいは少数意見の有無とその内容を検討することが極めて有効な手段となる」

と述べている。家永が戦争の時代の中にあって、少しでもその政策批判があれば、それに注目するのは、このためである。

そして、家永は人間の主体と戦争責任について次のようにまとめる。

「人間を意思決定に基づいて実践する主体的存在と見るかぎり、その主体的行為による結果に対し責任の問題の生ずることは避けられない。責任を問うことのできないのは、自然法則により決定され主体的意思を有しない自然物であって、人間ではない。このように考えてくるとき、あの時はあれより

ほかにいたし方がなかったとか、戦争中のことについて戦後になってからかれこれ言えないとかいう類の、戦争責任否定の言いのがれは、人間の本質から言って成立しないことが明らかとなる(33)」

家永は戦争責任の区分として「日本国家とその機関の地位にあった日本人個人が、他国・他民族に対して負わなければならない責任」をあげる。この場合、侵略の対象となった中国その他のアジア諸地域の諸民族、日本の植民地であり戦後日本から独立した諸民族に対する責任と、米国その他の欧米の連合国に対する責任は区別して考えるのが適当であるとする。また日本国家は他国・他民族に対する国際的責任を負うだけでなく、自国民に対する国内的責任を有するし、国家の機関としてその権力の行使に当たった個人もその責任を有するとする。続けて家永は権力の座にいなかった日本国民の責任について以下のように記している。

「権力の座にいなかった被治者としての日本国民には責任がないかと言えば、やはり権力者とは別の意味での責任があったかと思う。ただし、この場合は権力の意思に忠実に従ってその実現のために影響力を行使した人々と、……「単なる追随者あるいは服従者」との責任の相違は十分に考慮すべきであろう(34)」

以上のように戦争責任を整理した後、「日本国家の戦争責任はどのような点にあるのか」との問いを立て、それを国際的責任と国内的責任に分けて、戦争責任が生じた具体的な歴史事実をもとに論じていく。また、その手法と論理に立って「権力の側にいなかった」国民の戦争責任も「日本国民の戦争責任はどのような点にあるのか」との問いを立て、具体的な事実に即して論じていくのである。この問は、二つに分けられて論じられている。一つが一般国民の戦争責任であり、二つ目が「戦争知らない世代」にも責任があるのかという問いである。前者について家永は以下のようにまとめている。

「知る自由も表現するほとんど与えられず、常に心身両面にわたり権力の統制下におかれていた大多数の国民には、国家権力との関係からみれば、被害者の側面が大きいのは、言うまでもない。ことに戦争への参加・協力を好まず、ただ戦争に反対しまたは戦争へ協力を拒む自由がないために余儀なく時世に順応していた人々の場合、特に被害者的側面が強いのであるが、そのような人々をも含めて日本人であるかぎり、日本国家の加害行為に進んで加わり、あるいはそれを阻止できなかった責任があるといわねばならない。すなわち、日本国家に対しては被害者として権力の行使者を責問する立場に立つと同時に、日本国家により被害を受けた元植民地諸民族・非侵略諸民族に対しては、加害行為について、少なくとも道徳的な意味での連帯責任を有するというべきである。[35]」

家永のこの論理は極めて重要な指摘を含む。日本国民が戦争指導者の違法な戦争政策の被害者であるという現実を踏まえ、その指導者の戦争責任を追及するためには、自らをもその指導の行為を阻止できなかったから、元植民地諸民族・非侵略諸民族に対して加害者となっていった事実を論理的に理解していかないと、その時代の全体像の中で戦争責任は明らかにならないということを意味している。言い換えると、加害者としての自己を理解できないから、自分たちを悲惨な目に追い込んだ指導者の責任を明らかにできないのである。

また、家永は「「戦争を知らない世代」にも責任があるのか」という問いに対して次のように述べる。「戦後に生れまったく戦争とかかわりなく成長した純戦後世代においては、責任の問題は全然あり得ないと考えるのが常識であろう。しかし……よく考えてみると、問題はそれほど単純ではないのである」としたうえで家永は、戦後生まれの日本人が海外旅行をして、そこで日本軍の残虐行為の跡地を訪問したとき、平然としていられるのか、「第三者のような顔をしてすませられるであろうか、すませられる人があるとしてもそれでよいものであろうか。良識ある日本人である限り、たとい自分の生まれる前になされた行為であったにせよ、日本人として平然と対応することのできない恥ずかしさを感ずるのではなかろうか」と語りかける。

この家永の問いかけはぼくの経験に照らしても説得力を持つ。研究上中国に何度も訪問しているが、歴史を学習するために日本軍の残虐行為が行われた跡地や記念館を訪問するとき家永が指摘する体験を何度もしてきた。また、学生を引率し盧溝橋抗日戦争記念館を訪問した後、戦争とは関係ないテーマで討論した時のこと、話題が歴史のことに及び、突然日本人学生が中国人学生に「ごめんなさい」といって、中国人学生が驚いていたという経験がある。その学生は過去の日本人が中国大陸で犯した残虐行為を自己のものと受け止めていたのである。なぜこのようなことが起こるのか。家永は以下のように述べる。

「純戦後世代の心身は、戦前世代の生理的・社会的遺産を相続することなしには、形成されなかったのである。たとい、戦後の激変した諸状況に、あるいは自分たちの戦後での新しい創造的努力にそれぞれよって獲得した戦後の要素がどれほど大きかろうと、それらも戦前からの遺産を基体とし、あるいはそれを改造したり変容させたりして形成されたものであって、戦前世代から継続した遺産とまったく無関係に戦後に別天地から飛来したものではない。戦後世代が戦前世代の遺産を相続することなしに自己形成をなし得なかったのであるとすれば、戦前世代の遺した責任も当然に相続しなければならないのである。個人の遺産相続に当たっては、相続を放棄することによって負債返還の義務から逸れることもできるが、日本人としての自己形成において戦前世代からの肉体的・社会的諸遺産の相続を放棄することは不可能であるのだから、戦争責任についてのみ相続を放棄することもまた不可能である。(36)」

この家永の指摘は教育学的に見ても理に適っている。我々は生まれ成長するにあたり、様々な価値意識を身に着けるが、その基礎となるものが、その国家や地域社会に伝わる文化や伝統――つまり歴史である。この影響のもと人は成長するがその過程をアイデンティティー形成過程という。その文化伝統が歴史である以上その中に侵略戦争の歴史が含まれていることは、とりもなおさず戦争責任を継承することになるのである。日本人として生まれ育って日本というアイデンティティーを確立しているからこそ、自分が生まれる以前の日本人の行為に対しての同一性を感じることができる。戦争責任においてもアイデンティティーの問題として正確に引き継がなければならない。家永の指摘は、歴史学者が獲得した極めて高い水準の教育論でもあるのだ。

家永は次に連合国の日本に対する戦争責任を論じ、そのうえで戦争責任はどのようにして追及されるべきであったかを振り返る。「何よりも遺憾なのは、日本国家も日本国民も、自らの自発的反省に基づいて戦争責任の始末を正しくつけられなかったことにとどまらず、戦後四〇年（当時―相庭）を経た今日にいたるまでその始末をつけるのを回避しようとする傾向が顕著であり、それが戦後の日本の歴史の方向を大きく歪める要因となってはたらいている事実である。」この指摘を家永は戦後の歴史の中で確認し、戦争責任の追及は何のために今後どのようにして続けられるべきかを問うていくのでる。

「今日において私たちにとりもっとも有効で生産的な戦争責任究明の方法は、何よりもまず責任を負うべき事実の正確でかつ詳細な認識と厳格な論理構成による法律的・政治的・道徳的責任の認定を一人でも多くの国民の努力を結集して達成する作業から始められるべきであろう[37]。」

このように述べたうえで、バートランド・ラッセルが提案したラッセル法廷の理念に注目し、その理念に基づき日本国民すべてが参加した戦争責任を明らかにする法廷を開催することを提案する。ラッセル法廷は具体的に権力を有する法廷ではない。一九六七年五月ストックホルムでの開廷宣言を行ったジャン・ポール・サルトルは、調査と同様、その結論においても国際的制度の必要性をすべての人々に感じさせることが目的であり、判事はいたるところに存在し、判事とは諸国の人民であると宣言している。家永はこの理念をもとに「十五年戦争における戦争犯罪の責任追及」についてもこのような精神で行われるべきことを主張する。家永はそこでの有罪認定が「有権的効果を生じなくても、否、有権的認定でないからこそ一層深い政治的・道義的制裁効果を発揮することが期待できる」という。法廷という形式をとるのは単に広報手段であるだけなので、「一般国民が職場なり生活なりの場所で、機会あるごとに審判を行うことができる」と家永は考え、「一層全面的な戦争責任の究明となるに違いない」と指摘するのである。その成果が国民的な総括に高められたときに「『勝者の裁き』でない、日本人自らの手による、日本の国内法と国際法にわたる法律上の責任から、政治上・道徳上の責任に及び、かつ外国・他民族に対する責任にとどまらず、同胞国民に対する責任をもあわせふくむ、権力者の戦争責任の完全な究明が、もっとも主体的かつ理性的な形で結実するであろう」と戦争責任論の展望を述べるのである[38]。

家永のこの論理は日本国民の主体形成を大きく展望したものである。家永が『太平洋戦争』で記したようにその戦争を阻止できなかった要因は「アジア特に中国・朝鮮民族に対する差別意識」「報道の自由をはじめとする基本的人権の抑圧」および「学校教育に対する国家権力の統制」そして「軍隊の非人道的・非民主主義的あり方」であるが、その要因を内発的に批判し、克服していくことを通してでしか、民主主義を日本国民のものとすることができず、そのための道程が戦争責任を明らかにすることであった。それは権力による法廷で裁かれるものではなく、日本国民一人一人が生活のあらゆる場で考えなければならない極めて重要な問題であることを家永は主張しているのである。そのためにこそ戦争の歴史をしっかり後世に伝え、新しい世代はその歴史をしっかり学び、自己のアイデンティティー形成に活かしていかなくてはならないと家永の主張を読むことができる。家永は戦争責任論を以下のようにまとめる。まさに日本人がその歴史から突き付けられた学習課題といえるのである。「戦争責任論は過去の歴史的事件への主体的批判を通して、将来に高い公算をもって予見される人類的危機を回避し世界の平和による歴史の発展を可能ならしめるための建設的な、しかもさけて済ますことのできない不可欠の知的倫理的課題であるというべきである。」戦争責任を厳格に考察していくこの家永の方法に、いまこの時代だからこそ成人の自己決定を主要課題する生涯学習論はこたえていかねばならないと考える。

註　記

（1）東郷和彦『危機の外交』角川新書、二〇一五年、七五〜七八頁。

（2）P・ジャービス編著（渡邊洋子・吉田正純監訳）『生涯学習支援の理論と実践――「教えること」の現在』（明石書店、二〇一一年）「第三章　「教えるスタイル」と「教える方法」」参照。

（3）宮坂廣作『生涯学習の遺産――近代日本社会教育史論』明石書店、二〇〇四年、七三頁。

（4）同上書、七四頁。
（5）宮坂がこのようにイギリス成人教育論を基底として小尾の論理を整理する背景には宮坂のモデルとするイギリス成人教育を「社会的弱者の視点」に立った理解が存在する。宮坂のこの理解については、宮坂著『社会教育の政治学』（明石書店、一九九一年）「第一章　社会教育における機会均等の問題」を参照。
（6）宮坂『生涯学習の遺産——近代日本社会教育史論』一四六頁。
（7）同上書、一四六〜一四七頁。
（8）宮坂廣作著『生涯学習と自己形成』明石書店、二〇一〇年、二〇頁。
（9）同上書、二一頁。
（10）同上書、三一頁。
（11）同上書、五〇頁。
（12）同上書、二二六〜二二七頁。
（13）同上書、三一〇頁。
（14）家永三郎『太平洋戦争　第二版』（以下『太平洋戦争』と略す。岩波書店、一九八六年、一九六八年初版）一六頁。
（15）戦前日本の資本主義が侵略的性格を強く帯びるにいたった理由を、国内における寄生地主制度とそれによる国内市場の狭隘性に求め、それゆえに他国への侵略を引き起こす必然性を帯びていたと理解するものである。大日本帝国の戦争要因を構造的に理解していく方法であり、この理解をめぐってマルクス主義陣営では学問的に大きな論争となっていた。家永はこの論争を踏まえたうえで、なお主体的要因として戦争を防げなかったのはなぜかという問いを立てることで、戦後日本が太平洋戦争を総括できなかった要因を描き出そうとしているのである。
（16）『太平洋戦争』一九〜二〇頁。
（17）尹健次『異質との共存——戦後日本の教育・思想・民族論』（岩波書店、一九八七年）「第二章　教育・思想支配の日本的特質」参照。
（18）『太平洋戦争』二五頁。
（19）同前書、二八〜二九頁。
（20）同前書、二九頁。

(21) 同前書、三三三頁。
(22) 同前書、三九～四〇頁。
(23) 同前書、四〇～四一頁。
(24) 同前書、四一頁。
(25) 同前書、四七頁。
(26) 柳沢協二『自分で考える集団的自衛権――若者と国家』青灯社、二〇一四年、一六～一八頁。
(27) 『太平洋戦争』七三頁。
(28) 同前書、七四頁。
(29) 同前書、七五頁。
(30) 同前書、二七九頁。
(31) 同前書、三〇五頁。
(32) 同前書、三〇九頁。
(33) 家永三郎『戦争責任』(岩波書店、一九八五年)二三～二六頁。
(34) 同前書、三四頁。
(35) 同前書、二八一～二八二頁。
(36) 同前書、三〇九頁。
(37) 同前書、三九〇頁。
(38) この思想を受け継いで、二〇〇〇年一二月八日から一〇日まで国際女性法廷が開催された。開廷の目的は「日本軍性奴隷の犯罪的な性質と、この罪に責任あるものを明らかにし、日本政府に法的責任があることを認めるよう圧力をかけること」と「普遍的な女性の人権の問題である、女性に対する戦時性暴力の不処罰を絶ち、世界中のどこにおいても2度とそれが起こらないようすること」である。なお、この「法廷」については、高良沙哉『「慰安婦」問題と戦時性暴力――軍隊による性暴力の責任を問う』(法律文化社、二〇一五年)参照。なお、「慰安婦問題」について高良の以下の指摘は、家永の戦争責任を論理を正当に受け継ぐものであると言える。「「慰安婦」制度を日本軍に独特の制度として見ることは、第二次世界大戦当時の日本軍の構造的暴力としての戦時性暴力問題を見過ごしてしまうことになる。「慰安婦」制度を生み出した日本の社会構造や、「慰安婦」制度を必要とした日本軍の構造、性暴力を許容し推進する軍事主義を支える構造を直視しなければならない。日本の戦時性暴力の問題に対して責任を取ろうとしない社会は、当時の軍事主義的な構造を容認することになり、再発の危機に加担することにつながる。」(同書、一三九頁)

おわりに

本書は『生涯学習から地域教育改革へ』および『現代生涯学習と社会教育史』に続き、三冊目の単著になった。生涯学習・社会教育研究を歴史論・地域論・市民社会論の三つのエリアから検討しようとするぼくの構想は、本書で一段落する。教育を研究していく場合、その前提として学校教育を想定することが一般的であろう。しかし、ぼくはこの前提を取らない。なぜかと言うと、学校教育に焦点化すると教育現象が正確に見えにくくなると考えるからである。

教育と学習の関係を考えてみると、両者は同じ事象の説明であるが、この関係の成立には学習者が「絶対的権限」を持っている。「権限」というと少し強く感じるかもしれないが、わかりやすく言えば、学習者が学習しなければ教育という行為は単なる一人芝居ということである。ところが学校教育を前提にしているとこの点がボケてくる。どんなに学習者にとって魅力のない学習内容や方法でも、学校教育なら学習者は集まる。もちろん、学校教育関係者に言わせれば、「そんなことはない。授業に魅力がなければ子どもたちは聞かないし、学級崩壊なども起きる。不登校児もふえる」と反論されるだろう。しかし、社会教育の視点から見ると、「三割社教」という言葉もあるように、社会教育で「不登校」などというのは日常的な出来事で、言葉どおり欠席者七割以上の講座はよくあることである。講座に魅力がなければ学習者は平気で途中退席だってするのである。これは当たり前の風景である。

このような経験を当然のこととして理解して教育を考えていると、そもそも教育が成立する基本的条件を「学習者の側」からと「社会の側……教育を組織する側」からの複眼的視点でとらえることの重要性を決して軽視できなくなる。学校教育なら教科書の内容を教授する前に、そもそもそれがなぜ必要なのかということを学習者に説明しなくても、学習者は集まる。それは何らかの学習要求が学習者の側にあるからである。簡単にこの理由を推察すると、多くの人たちは学校に行くことにより得られる将来像を持っているからであろう。確かに小学校低学年から高学年の児童全員がこのような認識を持っているというのではない。年若き学習者の保護者たちがその経験上学習した認識である。

学習者が学習の必要性を認識しているということと、教育を組織する側がそれを明確化し理解していることは別の話である。「学習内容がなぜこのように決められるのか」との問いに対して、「学習指導要領に書かれている」では答えにならない。しかし、この答えで十分学校教育実践は成立する。社会教育ではこのやり方をとることができない。そもそも学習指導要領なるものは社会教育の世界には存在しない。仮に作ったとしてもそれでは社会教育活動それ自体が崩壊する。社会教育は制度の壁が学校教育より低くて薄いのである。

この話はどちらが教育制度として整っているのかということを議論するためのものではない。教育という事象が社会に現出しているときにどのようなことがその要因と考えられるのかという原則論を考察する場合、外的な要因または強制的な要因をなるべく落として検討していくほうが、その本質的な性格をつかみやすいということを言っているのである。

このように学校教育を社会教育に視点で見ていくと近年特に気が付くことが、学校教育が不自由な環境に追い込まれていく様子である。特に教育する側に立つ人、言い換えれば教職員が極めて不自由な環境に追い込まれているように見える。まず、子どもたちが夏休みのため学校で授業がないにもかかわらず、教師たちは職員室ないしは教室にいる。自宅研修が簡単に取れないようである。行政主体の研修が多くなり、日本教職員組合が訴えてきた自主研修などとは程遠い状況である。これらの管理施策が子どもたちの教育にいい成果を残すのであれば、何も問題にしないが、決してそうではないようである。「学校に市民社会の風を」とか「教育者は教育に目を奪われ教育が見えなくなる」と指摘されてからかなりの時間がたつが、その傾向が現代ますます顕著になってきているように見えるのである。

教育を計画・実施していくためには、教育をする側は学習者を十分に理解しなければならない。学習者理解は学校教育に即していえば、子どもたちの生活環境総体の理解を意味する。しかし、教える側に自由な時間がないとこれは不可能である。現代の教職員が置かれている状況からすると、十分な学習者理解を図ることなく教育⇔学習関係のなかに入らざるをえなくなっているように見える。この関係を前提として教育を成立させようとすると、かなりの強制力を必要とする。それは学習者のなかに疎外感を生産することにもなる。

一方で、子どもを取り巻く実社会では格差が深刻化している。そのために、子どもも大人もこの社会で生活する人々にとって自己実現をはかることがより困難になりつつあり、さまざまな社会問題が起こっている。それを「少年法の改正」とか「道徳教育の充実」などの秩序の強化・徹底で乗り切ろうとすると、ますます差別などの人権侵害が横行してくる。この悪循環を断ち切るためには、現代社会全体を見渡す視点が重要で、それを獲得する学習活動を支えていくのが生涯学習ではないかと強く考えている。

東京大学で宮坂廣作先生から社会変革と「知性」の可能性をご教授していただいた。本書の最終章で取り上げているように先生の生涯学習の歴史は優れた先人の「知性」の検証であった。格差と排他的意識の克服を生涯学習の柱に据え、日本で生活するすべての人々が自己実現のために、知性を武器にできるようになるにはどうしたらよいか。ルーズ・ベネディクトは『人種主義　その批判的考察』（筒井清忠、寺岡伸悟、筒井清輝訳、名古屋大学出版会）の最後に一九三九年一二月七日付のニューヨークタイムズ紙社説を引用している。本書はナチスドイツが第三帝国へと突き進んでいった時代の調査をもとに、ナチの主張の中核である人種主義を批判したものである。引用された社説は以下のようなものであった。

「どのような性質の排外キャンペーンであっても、それはアメリカニズムの病的な変質なのである。人種的起源の異なる男性であれ、女性であれ、平和で民主主義的にうまくやっていけることを証明すること以上に、この病んだ世界への価値ある貢献はあり得ない。遠く遡ってみると、私たちはみんな外国人だったのだ。」

「平和で民主主義的にうまくやって」いくために、今日の私たち日本人は自らの課題と向かい合わねばならない。現代の生涯学習はこのことを支援する試みと強く結びついている。その意味で現代の生涯学習は、このグローバル化しつつある現代日本の市民社会への挑戦なのである。今後は東アジアと現代生涯学習の関係についての研究を深めていきたいと考えている。

『現代生涯学習と社会教育史』を書いた時には、師である宮坂廣作先生がご健在であったが、今はいない。学問的にお世話になった先生がいないなか、いまだに未熟な研究者として三冊目の単著を書いた。宮坂先生がどのような感想を持たれるだろうかと想像すると少しのさびしさを感じる。

今回も明石書店石井昭男会長および編集者の佐藤和久さんにお世話になりました。思えばぼくの研究者としての歩みは、明石書店とともにあったとしても過言ではありません。正確にはぼくが明石書店に牽引してもらったといえます。この場を借りて心からお礼申し上げます。

最後にぼくの研究の良き批評家であり、理解者である妻 渡邊洋子に本書を捧げる。

二〇一六年六月一二日

書斎にて　相庭 和彦

〔わ行〕

〔や行〕

〔ら行〕

〔は行〕

〔ま行〕

〔な行〕

〔た行〕

〔さ行〕

索　引

索　引

〔あ行〕

〔か行〕

【著者紹介】

相庭　和彦（あいば　かずひこ）
新潟大学教授。社会教育学・生涯学習論
［主な著書］『天皇制と教育』（共著、三一書房、1992年）、『「満洲」大陸の花嫁はどうつくられたか』（共著、明石書店、1995年）、『生涯学習から地域教育改革へ』（明石書店、1999年）、『現代生涯学習と社会教育史』（明石書店、2007年）、『人権・同和教育について』（新潟県人権同和センター人権ブックレット、2013年）、『日中韓の生涯学習　伝統文化の効用と歴史認識の共有』（共編著、明石書店、2013年）

明石ライブラリー 161
現代市民社会と生涯学習論
――グローバル化と市場原理への挑戦

2016年7月15日　初版 第1刷発行

著　者　　相　庭　和　彦
発行者　　石　井　昭　男
発行所　　株式会社 明石書店
〒101-0021 東京都千代田区外神田 6-9-5
電話 03（5818）1171
FAX 03（5818）1174
振替　00100-7-24505
http://www.akashi.co.jp/
組版／装丁　明石書店デザイン室
印刷／製本　モリモト印刷株式会社

（定価はカバーに表示してあります）　ISBN978-4-7503-4366-2